미래 디자이너가 말하는 행복한 100세 준비법

인생 르네상스
행복한 100세

인생 르네상스
행복한 100세

초판 1쇄 발행 2017년 3월 3일
  2쇄 발행 2017년 11월 11일

지 은 이 김현곤
발 행 인 권선복
디 자 인 김소영
편   집 심현우
전 자 책 천훈민
발 행 처 도서출판 행복에너지
출판등록 제315-2011-000035호
주   소 (157-010) 서울특별시 강서구 화곡로 232
전   화 0505-613-6133
팩   스 0303-0799-1560
홈페이지 www.happybook.or.kr
이 메 일 ksbdata@daum.net

값 15,000원

ISBN 979-11-5602-480-4 (03190)

도서출판 행복에너지는 독자 여러분의 아이디어와 원고 투고를 기다립니다. 책으로 만들기를
원하는 콘텐츠가 있으신 분은 이메일이나 홈페이지를 통해 간단한 기획서와 기획의도, 연락처
등을 보내주십시오. 행복에너지의 문은 언제나 활짝 열려 있습니다.

미래 디자이너가 말하는 행복한 100세 준비법

인생 르네상스
행복한 100세

김현곤 지음

도서
출판 행복에너지

인생 르네상스
: 행복한 100세 현역

첫 번째 질문 : 나는 몇 살까지 살까?

이 책을 펴 든 독자에게 먼저 묻고 싶은 질문이 있다. 나 자신은 몇 살까지 살게 될까? 이 질문은 사실 어마어마하게 중요한 질문이다. 왜냐하면 나 자신의 인생을 어떻게 살아갈지에 대한 작전을 짜기 위해서는, 내가 몇 살 정도까지 살지에 대한 대략적인 답을 아는 것이 기본적으로 필요하기 때문이다.

우리는 지금 초수명시대로 진입하고 있다. 지난 2016년 4월 1일 대한민국 공영방송 KBS의 명견만리에서는 '120세 시대의 도래'를 주제로 한 시간 동안 방송하였다. 모두들 100세 시대라고 얘기하지만, 100세 시대는 실은 우리들 부모세대의 이야기다. 우리 베이비붐 세대는 이미 100세 시대를 지나 120세 시대를 살게 될 것이다. 그런데도 아직도 우리들 머릿속에는 우리의 아버지 세대, 우리의 할아버지 세대의 인생 패러다임이 고스란히 그대로 자리 잡고 있다. 여전히 80세 인생모델 패러다임이 우리의 마음속을 지배하고 있다.

이젠 근본적으로 바뀌어야 할 때다. 80세 인생모델에서 100세 인생모델, 아니 120세 인생모델 패러다임을 기꺼운 마음으로 받아들여야 할 때다.

두 번째 질문 : 나는 몇 살까지 일할까?

120세까지는 아니더라도 우리가 100세까지 산다고 해 보자. 그럴 경우, 우리는 몇 살까지 일하는 것이 가장 바람직할까? 사람들의 마음은 크게 다르지 않다. 젊어서 열심히 일했기 때문에, 나이 들어서는 누구나 여가와 휴식을 즐기고 싶어 한다.

그러나 현실은 그렇게 쉽지 않다. 나이 들어 일하지 않고 여가와 휴식을 즐길 수 있는 사람은 극소수에 불과하다. 대부분의 사람들은 일을 해야 생존과 일상생활을 위한 수입이 생긴다.

만일 우리가 100살까지 산다면, 100살까지 우리를 지탱해 줄 최소한의 수입원은 필요하다. 물론 연금이나 저축이 충분하다면 걱정 없다. 그러나 이런 사람들도 극소수에 불과하다. 대부분의 사람들은 가장 믿을 만한 수입원인 자신의 노동을 통해 소득을 얻게 될 것이다. 그렇다면 위에서 물었던 '나는 몇 살까지 일할까?' 라는 질문에 대한 답이 자연스럽게 나온다. 건강이 허락만 한다면, 일할 수 있을 때까지 일하는 것이 가장 바람직하다는 결론에 도달한다.

우리는 좀 더 냉정해질 필요가 있다. 60세 전후에 은퇴하고 남은 40년, 50년을 아무것도 하지 않으면서 자신을 먹여 살릴 수 있는 사람은 극소수 억만장자 외에는 없다. 하루에 한 시간을 일하든 일주일에 몇 시간만 일하든, 건강이 허락한다면 100살이 가까워질 때까지도 일해야 할 가능성이 크다. 그래야 자신을 먹여 살릴 수 있다.

100살까지 일해야 하는 이유가 자신을 먹여 살리는 데에만 있지는 않다. 생계유지를 넘어서 일을 통해 신체적·정신적 건강과 사회적 관계를 유지하고 삶의 보람을 찾아 자아실현을 할 수 있다.

이 책은 100세 시대를 맞아 우리 모두가 가능한 한 100살까지도 행복하게 일할 수 있도록 돕는 것을 목표로 하고 있다. 평생현역으로 은퇴 없이 100살까지 일해야 하는 이유와, 100살까지 일할 수 있는 방법에 초점을 두었다. 평균 수명 100세 시대, 장수인생 120세 시대의 삶과 일의 본질 및 노하우에 관한 입문서이자 실천 가이드다.

필자는 지난 2년 동안 고령화시대의 인생과 일에 관해 2백여 권의 책을 읽고 연구해왔다. 이 책은 그 책들이 공통적으로 강조하는 지혜와 전략을 필자 나름대로 소화해서 쓴 책이다. 비록 100세시대, 120세 시대를 완전히 살아보지 못한 필자이지만, 미래를 읽은 혜안을 가진 거인들의 어깨에 올라타서 평균 수명 100세 시대, 우리 모두의 인생 르네상스를 위한 필자의 생각을 정리해 보았다.

독자와의 대화전략 : 비주얼화하기, 상상하기, 질문하기

100세 시대, 120세 시대는 필자도 독자도 아직 가 보지 않은 미지의 길이다. 그래서 체감하기 어렵고 가슴에 와 닿기 쉽지 않다. 이처럼 아직 살아보지 않은 인생, 가 보지 않은 길에 대해 독자가 공감할 수 있는 글을 쓰기 위해 필자가 택한 전략은 크게 세 가지다. 비주얼화하기, 상상하기, 질문하기가 바로 그것이다.

첫 번째 전략은 비주얼화하기이다. 글은 한참을 읽어야 이해가되지만, 그림은 한눈에 이해할 수 있다. 그래서 독자들에게 꼭 전달하고 싶은 내용은 최대한 그림으로 비주얼화해 보려고 노력했다. 그런 점에서, 처음 이 책을 읽을 때에는 그림만 보면서 책장을 넘겨도 좋을 듯싶다. 그림만 다 보아도 책 한 권을 읽은 효과가 있을 것이다.

독자와의 대화전략

  두 번째 전략은 상상하기다. 아직 살아보지 않은 인생 후반전의 미래 모습에 대해서 예상되는 이미지를 상상해 보는 것은 대단히 효과적이다. 미래를 미리 가보는 효과가 있다. 이미지를 리얼하게 상상해 볼수록 느끼는 점도 더 많아진다. 그래서 비주얼화된 그림과 함께 인생 후반전에 펼쳐질 이미지를 독자들이 상상해 볼 수 있도록 했다.

  세 번째 전략은 질문하기다. 스스로 질문해 보고 답해 보는 것보다 더 좋은 공부는 없다. 인생 후반전에 대한 준비도 마찬가지다. 맹숭맹숭 책만 읽는다고 문제가 해결되지는 않는다. 인생 후반전에 풀어야 할 문제에 관련된 필요한 질문을 스스로 던져 보고, 그 질문에 대해 스스로 답해 보는 것이 반드시 필요하다. 그래야만 자기주도적인 인생 후반전을 준비하는 데 실질적인 도움이 될 수 있다. 그래서 독자들이 스스로 질문하고 스스로 답해 볼 수 있도록 했다.

평생현역으로 일하는 3단계 접근법: 알기, 찾기, 만들기

이 책의 최종목표는 독자들이 가능한 한 100살까지 평생현역으로 일할 수 있도록 돕는 데 있다. 책의 목차도 이러한 목표 달성을 위해 도움이 될 수 있도록 구성했다.

평생현역으로 일하는 3단계 접근법

100세 현역으로 오래오래 행복하게 일하기 위해서는 알기, 찾기, 만들기의 3단계 작업이 필요하다. 세상 알기와 인생 알기, 자기 찾기와 천직 찾기, 평생현역을 위한 자신만의 습관 만들기가 그것이다.

우선 제1장에서는 세상 알기에 대해서 살펴본다. 우리를 둘러싼 세상이 어떻게 변하고 있는지를 정확히 아는 것이 필요하기 때문이다.

이어서 제2장에서는 인생 알기에 대해 살펴본다. 세상의 변화도 중요하지만 우리 인생의 변화는 더욱더 중요하다. 수명의 변화, 인생모델의 변화, 삶과 일의 변화 등에 대해 알게 될 것이다.

제3장에서는 자기 찾기에 대해 살펴본다. 세상의 변화와 사람들 인생의 변화를 안다손 치더라도 자기 자신을 알지 못하면 의미가 없다. 가치 있고 행복한 삶을 살아가기 위해서는 인생의 주인인 자기 자신에 대해 정확하고 충분히 이해하는 것이 무엇보다도 중요하다.

제4장에서는 천직 찾기에 대해 소개한다. 삶은 곧 일이고, 일은 곧 삶이다. 그리고 우리는 120살이라는 기나긴 시간을 살아가게 된다. 그래서 반드시 천직이라고 믿거나 자신에게 알맞다고 생각되는 일을 찾는 것이 중요하다.

세상 알기, 인생 알기, 자기 찾기를 거쳐 천직 찾기까지 끝냈다. 그러면 해야 할 모든 것을 다한 것인가? 그렇지 않다. 오히려 지금부터가 본격적인 시작이다. 독자 여러분이 찾은 천직은 여러분이 선택 가능한 수많은 천직 후보들 중의 하나다. 이제부터는 그 천직 후보에서 출발해서 평생토록 자신의 진정한 천직을 만들고 그렇게 평생현역으로서 살아가기 위한 좋은 습관 만들기가 필요하다.

그래서 제5장에서는 행복한 평생현역을 위한 새로운 습관 만들기에 대해서 소개한다. 인생은 습관이다. 습관이 곧 인생이고 운명이다. 평생현역을 원한다면 평생현역으로 일하는 데 필요한 새로운 습관을 몸에 배게 해야 한다.

끝으로 제6장에서는 살아있는 실제 모델을 통해 100세 현역의 실제 가능성을 정리해 본다. 역사적, 사회적으로도 특별한 세대이자 120세 시대를 맞는 첫 번째 세대인 베이비부머를 주인공으로 하여, 인생 르네상스가 실제로 가능하다는 것을 보여 주고자 시도해 보았다.

인생 후반부는 인생의 사추기思秋期다. 젊은 시절이 아름다운 꽃이 피는 봄이라면, 인생 후반부는 아름다운 단풍이 드는 가을이다. 가을은 봄만큼 아름답다. 아니, 가을은 봄보다 더 아름다울 수 있다. 준비하고 노력하면, 우리들의 인생 후반전을 봄보다 아름다운 가을처럼 만들 수 있다. 우리의 인생에서도 르네상스를 만들 수 있다.

120세 인생, 100세 현역 시대를 맞이하여, 이 책이 여러분의 행복한 인생을 만드는 유익한 길잡이가 되기를 진심으로 기대한다.

2016년, 봄보다 아름다운 가을에
저자 김현곤

CONTENTS

세상 알기

: 메가트렌드와 고령자 자립사회

메가트렌드와
21세기의 두 혁명

21세기의 두 혁명

사람에 관한 제1 메가트렌드, 고령화

인류역사에 있어 21세기는 참 독특한 시대로 특징될 것 같다. 인류문명을 근본적으로 변화시킬 두 개의 혁명이 동시에 일어나고 있기 때문이다.

첫 번째 혁명은 4차 산업혁명이라고도 불리는 지능정보혁명이다. 그리고 두 번째 혁명은 장수혁명이라고도 불리는 고령화혁명이다. 파급효과 측면에서 서로 우열을 가리기가 힘든 이 두 개의 혁명은 너무도 다른 혁명이다. 4차 산업혁명은 기술혁명이고, 고령화혁명은 휴먼혁명이다.

기술혁명은 메가톤급의 새로운 기술 발전을 통해 근본적인 사회 경제적 혁신이 일어나는 것이다. 이에 비해 휴먼혁명은 인간 자체의 근본적인 변화를 통해 혁명적인 사회 경제적 혁신이 일어나는 점에서 구분할 수 있다. 그런 점에서 보면 기술혁명은 밖으로부터의 혁명이고, 휴먼혁명은 안으로부터의 혁명이라고 할 수도 있다.

4차 산업혁명과 고령화혁명 모두 사람들의 삶을 근본적으로 변화시킬 것으로 예상된다. 이토록 커다란 두 개의 혁명이 우리가 지금 살고 있는 21세기에 한꺼번에 일어나고 있다는 사실은, 어떻게 보면 정말로 경이로운 일이다.

지능정보혁명을 통해 우리는 모든 비즈니스와 서비스가 지능화되고 최적화된 최고의 환경 속에서 살아가게 될 것이다. 지능형 로봇과 인간이 가족처럼 동료처럼 공존하는 세상이 될 것이다.

그리고 고령화혁명을 통해 평균 수명 100세 시대, 장수 수명 120세 시대가 열리게 될 것이다. 100세, 110세에도 건강한 모습으로 전문가로서 일하는 사람들을 보는 것이 일상적인 모습이 될 것이다.

21세기의 두 혁명 중에서 이 책의 주제는 고령화혁명에 초점을 맞추고 있다. 사람 자체의 변화에 관한 한, 가장 중요한 메가트렌드는 고령화다. 특히 대한민국은 고령화의 속도가 세계에서 가장 빠른 나라다. 게다가 고령화 이슈는 지금 우리가 예상하고 있는 것보다 훨씬 크고 심각하다.

고령화는 복지, 고용, 건강, 경제, 교육, 관계 등 거의 모든 경제 사회적 이슈들을 포함하고 있는 이슈의 종합현안세트다. 머지않아 고령화 이슈는 거의 전 국민 절반을 고객으로 하는 빅 이슈가 될 것임이 분명하다.

긍정 심리학과 긍정 고령화

저출산과 함께 고령화가 중요한 사회적 이슈라는 데 대해서는 누구도 이견을 달지 않는다. 그런데 고령화를 바라보는 관점과 접근법에 대해서는 근본적인 재검토가 필요한 시점이다. 다소 엉뚱하긴 하지만 그 이유를 심리학과 고령화를 비교해서 한번 설명해보자.

심리학은 인간에 관해 연구하는 학문이다. 특히 사람의 심리, 또는 마음에 초점을 맞추어 연구하는 학문이다. 그런데 오랜 기간 동안 심리학의 주 연구대상은 부정적인 심리문제를 해결하고자 하는 데 있었다.

그러다가 펜실베이니아대학의 심리학자 마틴 셀리그만이 긍정 심리학을 제창하면서 심리학도 근본적인 변화를 겪게 되었다. 부

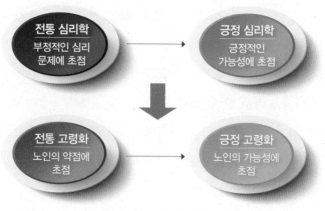

심리학과 고령화의 변화

정적인 심리문제 해결을 넘어서 마음의 긍정적인 가능성에 초점을 둔 연구들이 활발히 이루어지기 시작한 것이다.

고령화 이슈도 심리학의 발전과정과 비슷한 경로를 밟아갈 것으로 예상된다. 아니, 꼭 그렇게 되어야만 한다. 이유는 간단하다.

지금까지의 고령화 이슈는 대부분 나이가 들며 생기는 취약점, 노인들의 약점에 초점을 두고 다루어졌다. 한마디로, 고령화의 부정적인 측면에 초점을 두고 이를 해결하고자 하는 관점에서 고령화에 접근하였다. 현재 추진되고 있는 많은 고령화 대책들도 그런 관점에서 이루어지고 있다고 할 수 있다.

그러나 이제는 고령화에 관한 관점과 접근법의 근본적인 전환이 필요하다. 이 책에서 내내 강조하고 있는 것처럼, 고령화에는 부정적인 측면도 있지만 긍정적인 측면도 많다. 아니, 앞으로 시간이 흐를수록 긍정적인 측면이 더욱더 늘어날 것임에 틀림없다.

그 이유는 단순 명확하다. 옛날의 노인은 허약하고, 가난하고,

병든 노인이 주류였다. 그러나 장수혁명, 건강증진, 부의 증대로 지금의 중·노년은 여전히 활동적이고, 건강하고, 경제적으로도 유복한 사람들이 늘어나고 있다. 단적으로 베이비부머 세대를 보면 그 사실을 바로 알 수 있다.

전통 심리학을 넘어 긍정 심리학이 확산되듯이, 전통적인 노인관을 넘어 긍정적인 노인관을 확산하려는 본격적인 시도가 최근 전 세계적으로 활발히 일어나고 있다.

긍정적인 노인관을 체계화한 대표적인 예로, 미국의 밀켄 경제연구소 폴 어빙Paul H. Irving 소장이 각계의 고령화 관련 최고전문가들과 함께 집필한『글로벌 고령화 위기인가 기회인가』(원제: The Upside of Aging)가 있다. 마틴 셀리그만의『긍정 심리학』처럼, 이 책은 '긍정 고령화혁명'의 이유와 방향을 체계적이고 설득력 있게 잘 제시하고 있다.

고령화도 이제 부담으로서의 고령화이슈를 넘어 '긍정 고령화혁명'이 시작되었다. 고령화의 부정적 측면도 극복하고 해결해야 하지만, 이제부터는 고령화의 긍정적인 측면에 더 관심을 가져야 한다. 여전히 건강하고 지혜로운, 오래 숙성된 인적 자원을 활용할 수 있어야 한다. 노인의 약점에 초점을 두지 말고, 노인의 가능성에 초점을 맞출 때다. 그것이 고령화혁명이라는 거스를 수 없는 메가트렌드에 가장 잘 대응하는 방법이다.

02 4차 산업혁명과 고령화 혁명 : 어느 것이 더 중요할까?

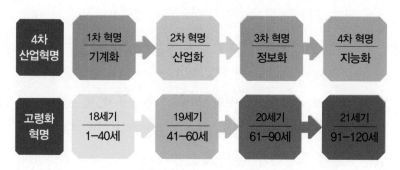

4차 산업혁명과 고령화혁명

21세기의 2대 혁명 : 4차 산업혁명과 고령화혁명

21세기에는 두 개의 혁명이 일어나고 있다. 4차 산업혁명과 고령화혁명이다. 수천 년 인류역사에 있어서 이렇게 사회를 근본적으로 뒤흔들어 놓을 혁명이 둘씩이나 병행해서 이루어진 것은 물론 이번이 처음이다.

첫 번째로 일어나고 있는 혁명은 4차 산업혁명이다. 18세기 중기기관의 발명으로 1차 산업혁명인 기계화가 시작되었다. 19세기에는 기계를 바탕으로 산업화가 이루어진 2차 산업혁명이 일어났다. 이어서 20세기 후반에는 기계화를 넘어 3차 산업혁명인 정보화가 시작되었다. 그리고 지금 21세기에는 정보화를 넘어 인공지능기술을 바탕으로 4차 산업혁명인 지능화 혁명이 일어나고 있다.

4차 산업혁명은 우리 사회를 송두리째 바꾸어 놓을 것으로 예상된다. 인공지능 덕분에 사람들의 삶이 보다 지능화되고 편리해진다. 기업과 산업 현장에서는 지능형 로봇이 사람들의 노동을 대체하게 된다. 일하는 방식과 직업 구조가 근본적으로 바뀌게 된다. 로봇과 인간의 공존이 이슈가 된다. 인간의 존재 가치에 대한 근본적인 물음까지 제기될 것으로 보인다.

그런데 4차 산업혁명에 더해서 고령화혁명도 본격적으로 시작되었다. 4차 산업혁명이 인공지능의 모습으로 요란하게 다가오고 있는 반면에, 고령화혁명은 소리 없이 다가오는 조용한 혁명이다. 그러나 그 파급력은 가히 핵폭탄급이다.

고령화혁명으로 사람들의 평균 수명이 머지않아 120세까지 연장될 것으로 전망된다. 전문가들의 연구에 따르면 18세기 초 사람들의 평균 수명은 35세에서 40세 정도였다고 한다. 1900년 미국인의 평균 수명은 48세였고, 약 50년 전인 1975년 한국인의 평균 수명은 64세까지 증가하였다. 21세기가 시작되는 2000년 대한민국 국민의 평균 수명은 76세로 다시 크게 상승하였고, 90세까지 장수하는 사람들도 흔해졌다. 그리고 머지않아 평균 수명

100세 시대가 시작될 것으로 전망하고 있다. 120세까지 살 수 있다는 얘기도 이젠 공공연히 한다. 명실상부한 고령화혁명이 본격화되고 있는 것이다.

4차 산업혁명과 고령화혁명: 어느 것이 더 중요할까?

자, 여기서 간단한 질문을 하나 해보자. 4차 산업혁명과 고령화혁명 중에서 어느 것이 더 중요할까?

필자는 이렇게 답하고 싶다. 거시적인 사회 변화라는 측면에서는 4차 산업혁명이 더 중요할 수 있다. 그러나 개인적인 인생 변화라는 측면에서는 고령화혁명이 훨씬 더 중요하다.

그렇다. 4차 산업혁명은 너무나도 중요한 경제사회적 변화다. 하지만 개인적인 측면에서는 고령화혁명이 훨씬 더 중요하다. 이 세상에서 가장 소중한 나의 인생 자체를 송두리째 바꿀 혁명적인 변화이기 때문이다.

우리는 보통 자신의 인생이 80세 또는 90세까지라고 생각하곤 한다. 그러나 만일 당신이 베이비부머 세대라면 우리 인생은 이제 적어도 120세 인생이다. 전혀 예상하지도 기대하지도 않았지만, 40년 가까운 전혀 새로운 인생, 새로운 시간이 과학과 문명의 선물로써 나에게 덤으로 뚝 떨어진 것이다. 그래서 우리 개인에게는 고령화혁명이 4차 산업혁명보다도 훨씬 더 중요하다.

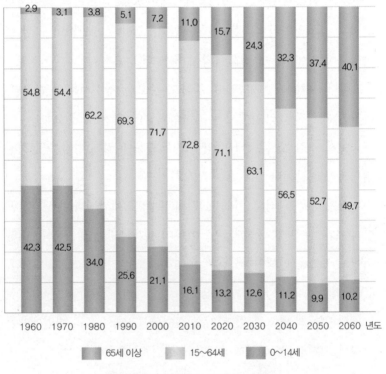

연령계층별 인구구성비: 1960년-2060년

1960년-2060년 100년간의 인구구조 변화와 고령화

모든 것은 변한다. 그래서 '세상에 변하지 않는 것은 모든 것이 변한다는 사실뿐이다.'라는 그리스 철학자 헤라클레이토스의 명언까지 나왔다.

사물과 현상의 변화를 관찰하는 방법은 여러 가지다. 그런데 일반적으로는 보다 긴 시간을 두고 변화를 관찰할수록 변화하는 현상의 모습과 본질을 보다 정확히 파악할 수 있다. 고령화 관련 현상도 마찬가지다.

최근 다양한 분야의 많은 전문가들이 고령화에 대해서 얘기하고 있다. 고령화가 거스를 수 없는 추세라는 것에 대해서는 누구나 동의한다. 그럼에도 불구하고 고령화가 어느 정도로 중요하고 심각한 이슈인지에 대해서는 대부분의 사람들이 구체적으로 실감하지 못하고 있다.

어떻게 하면 고령화혁명을 좀 더 리얼하게 느낄 수 있을까? 긴 시간에 걸쳐 고령화가 어떻게 진행되어 왔는지를 보는 것이 한 방법이 될 수 있다. 그런 점에서, 통계청의 장래인구추계 자료를 바탕으로 1960년부터 2060년까지 100년간에 걸친 우리나라 고령화의 변화모습을 한번 살펴보자.

필자가 태어나기 1년 전인 1960년, 65세 이상의 고령인구는 전체 인구의 2.9%에 불과했다. 1960년도 총인구 2천 5백만 명 중 73만 명에 지나지 않았다. 이에 비해, 14세 이하의 유소년 인구는 총인구의 42.3%나 되었다. 2천 5백만 명 중 1,060만 명이나 되는 인구가 유소년이었다. 65세 이상 인구가 73만 명에 지나지 않는 것과는 극명하게 대조적이다. 1960년대의 대한민국은 정말로 젊은 나라였다.

그런데 시간이 흐르면서 이 추세는 완전히 반대로 역전된다. 65세 이상 인구는 점점 늘어나고 비중도 증가한다. 14세 이하 유소년 인구는 점점 줄어들고, 비중도 훨씬 적어진다. 그리고 이러한 추세는 앞으로도 계속될 전망이다.

통계청의 장래인구추계에 따르면 1960년 42.3%나 되던 14세 이하 유소년 인구는 2050년에는 9.9%로 떨어진다. 총인구에서 차지하던 비중이 40%가 넘던 유소년 인구가 10% 이하로 격감하는 것이다. 정반대로, 1960년에 2.9%에 불과하던 65세 이상 노년 인구는 2050년에는 37.4%로 증가한다. 43.4%까지 증가할 것이라는 최근의 예측치도 있다. 절대수치로는 1960년 73만 명에 불과하던 65세 이상 인구가 2050년에는 1,800만 명으로 급증한다는 것이다. 인구 두 명 중 한 명은 65세 이상 노인이라는 얘기다.

인구구조의 변화뿐 아니라 지난 100년간의 국민평균연령의 변화를 보아도 고령화 현상이 거의 혁명수준임을 절실히 느낄 수 있다.

	1960년	1970년	1990년	2000년	2015년	2050년
국민평균연령	23.1세	23.6세	29.5세	33.1세	40.4세	53.4세

국민평균연령의 변화

통계청과 국가기록원의 자료에 의하면, 1960년 국민평균연령은 23.1세다. 10년 뒤인 1970년에는 23.6세, 30년 뒤인 1990년에도 29.5세에 불과하다. 1990년까지만 해도 대한민국의 국민평균연령은 20대 청춘이었다.

그렇지만 시간이 흐름에 따라 국민평균연령도 점점 높아지고 있다. 2000년의 33.1세를 지나 지난 2015년에는 40.4세를 기록하고 있다. 현재 대한민국의 국민평균연령은 중년의 나이라는 얘기다. 그리고 2050년에는 53.4세가 될 것으로 예상된다. 필자의 개인적인 견해로는 55세를 훨씬 상회할 것으로 보인다. 왜냐하면 장수혁명으로 노인인구가 현재의 예상치보다 훨씬 더 증가할 것이라 확신하기 때문이다.

장수혁명과 평균 수명 100세 시대의 도래

고령화는 인구구조의 변화나 국민평균연령의 변화에만 국한된 것이 아니다. 개인적인 측면에서 보면 가장 중요한 고령화 현상은 바로 수명의 증가 현상이다. 인구구조적으로 고령층이 증가하는 것이 고령화의 사회 경제적 측면이라면, 개인적인 측면에서는 수명이 증가하는 것이 고령화의 핵심이라고 할 수 있다.

통계치를 통해 지난 40여 년간의 평균 수명 변화를 한번 살펴보자. 1970년 여성의 평균 수명은 65.5세였다. 그러던 것이 2014

평균 수명의 변화

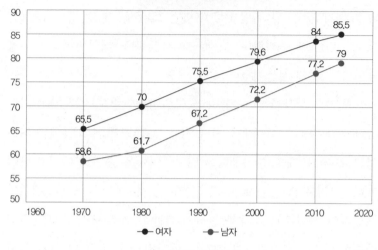

평균 수명의 변화 통계

년에는 85.5세로 대폭 증가했다. 44년 사이에 사람들이 평균적으로 20년 더 장수하게 된 것이다. 남자도 마찬가지다. 1970년 남성의 평균 수명은 58.6세였다. 그리고 2014년에는 79세로 남성 역시 44년 동안 20년 이상 더 장수하게 되었다. 남녀 모두 공통적으로 수명이 늘었다. 어림잡아 1년에 약 반년 꼴로 수명이 늘어난 셈이다.

과거 통계치를 바탕으로 이렇게 가장 원시적으로 계산해 보면 사람들의 평균 수명은 1년에 최소 0.5세는 늘어난다고 할 수 있다. 이 수치를 가지고 미래를 단순하게 산술적으로 한번 예측해 보자.

현재는 2016년이고, 2050년은 지금부터 34년 뒤다. 2050년에는 34년×0.5세, 즉 현재보다 17년 정도 더 수명이 늘어난다는 결론이 나온다. 2014년 기준 우리나라 여성의 평균 수명이 85.5세이므로, 2050년에는 평균 수명이 102.5세가 된다는 얘기다.

물론 통계청의 공식적인 장래인구추계에 의하면 2050년 우리 국민의 평균 수명은 90.1세다. 그러나 필자는 이 수치가 지나치게 보수적으로 예측된 것이라고 생각한다. 필자의 의견으로는 장수혁명이 지금처럼 진행된다면 2050년에는 평균 수명이 100세는 충분히 넘을 것으로 예상한다.

하여튼 위에서 단순하게 산술적으로 예측한 것처럼, 평균 수명이 102세란 얘기를 통계적으로 해석하면, 정규분포의 특성상 120세를 넘게 사는 사람들도 수두룩하게 많아질 것이라는 결론이 자연스럽게 도출된다. 평균 수명 100세 시대를 훌쩍 넘어서 장수 수명 120세 시대가 성큼 눈앞으로 다가온 것이다.

04 ▶ 100세 시대는 재앙일까 축복일까?

100세 시대는 재앙일 수도 축복일 수도

재앙일지 축복일지는 준비 여부에 달렸다

　필자가 강의를 가면 참석자들에게 거의 빠짐없이 꼭 하는 말이 있다. 1961년생인 필자의 나이 55세와 동갑인 사람들이 120세까지 살 확률은 무지무지하게 높다고 말해 준다.

　물론 이 말을 들은 참석자들은 전혀 믿지 않는 분위기다. 그러나 강의가 1시간을 넘으면 반쯤 믿는 사람이 제법 늘어난다. 그러면서도 120세 인생은 재앙이라고 잘라서 말한다. 그때 필자가 하는 말이 있다. 120세 인생이 재앙이 될 수도 있고 축복이 될 수도 있다. 그런데 재앙이 될지 축복이 될지는 단 한 가지에 달려 있다. 준비 여부다. 준비를 못하면 120세 인생은 한없는 재앙이 되고, 준비를 잘하면 120세 인생은 한없는 축복이 된다. 준비 여부에 따라 극과 극의 차이가 벌어진다.

100세 시대 예측점수는 90점, 준비점수는 10점

120세 인생까지는 아니지만, 최근 몇 년 사이에 여기저기서 100세 시대를 알리고 있다. 책에서도 TV 광고에서도 보험마케팅에서도 100세 시대의 도래를 일깨우고 있다. 지인들 부모님의 장례식장에 가도 95세, 96세에 돌아가셨다는 얘기를 심심찮게 듣는다.

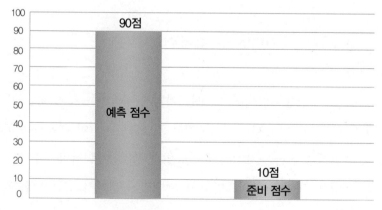

100세 시대를 대비하는 우리의 성적표

그래서일까? 이제 대부분의 사람은 100세 시대에 이미 돌입했다는 사실을 거의 믿는 분위기다. 따라서 보통사람에게 100세 시대에 관한 예측점수를 준다면 이미 90점을 넘어선 분위기다.

자, 그렇다면 보통사람의 100세 시대 준비점수는 얼마나 될까? 필자가 만난 사람들을 기준으로 어림잡아 보면 10점이 채 되질 않는다. 100세 시대가 왔다는 것에 대해서 알기는 하지만, 준비는 제대로 못한 사람이 거의 대부분이라는 얘기다.

참 이상하다. 평균 수명 100세 시대, 자신이 잘하면 120세를 훌쩍 넘어서까지 살 수 있는 시대가 왔다는 사실을 알면서도 그에 대한 준비는 아직도 제대로 못하고 있는 것이 사실이다. 이제는 생각만 하는 것을 넘어서 준비하고 행동해야 할 때다. 100세 시대에 대한 예측점수 90점, 준비점수 10점이라는 현 상황에서 완전히 탈피해서, 예측점수 90점, 준비점수 90점을 받을 수 있도록 온힘을 다해 준비를 시작할 때가 되었다.

인생 후반전의 준비는 믿는 데서부터 시작된다

자, 그럼 인생 후반전의 준비는 어떻게 시작하는 것이 좋을까? 우선, 이 책을 차근차근 읽어보기를 권하고 싶다. 이 책에서는 인생 후반전을 위한 구체적인 준비방법과 생각해 볼 거리들을 소개하고 있다. 독자들이 읽으면서 공감하고, 공감해서 실천할 수 있는 내용이 많으면 하는 바람이다.

그런데 인생 후반전을 본격적으로 준비하기 전에 반드시 필요한 한 가지가 있다. 바로 믿음이다. 나 자신이 적어도 100살까지는 산다는 사실에 대한 철저한 믿음이 필요하다. 그렇지 않으면 준비는 흐지부지되기 십상이다. 자신이 적어도 100살까지는 산다는 것에 대한 철저한 믿음이 있을 때 인생 후반전의 준비도 더 철저히 이루어질 수 있다.

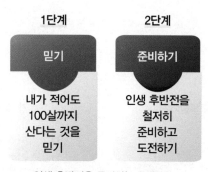

인생 후반전을 준비하는 두 단계

기억하자. 인생 후반전을 준비하는 작업은 2단계에 해당한다. 그리고 그 전에 1단계가 반드시 필요하다. 내가 적어도 100살까지는 살고, 잘하면 120세까지도 살 수 있다는 사실에 대해 믿는 것이 무엇보다 우선적으로 필요하다. 그래야 2단계의 인생 후반전 준비 작업도 제대로 이루어질 수 있다.

누가 더 똑똑한가?

젊은 사람 < or > 나이 든 사람

누가 더 청춘인가?

젊은 사람 > or < 나이 든 사람

나이와 무관한 사회

이제 달력 나이는 잊자

필자의 초등학교 때 기억 중에서 지금도 풀리지 않는 미스터리가 하나 있다. 당시에 필자를 담당했던 담임 선생님들의 나이에 관한 것이다.

필자가 4학년, 5학년, 6학년 때 담임 선생님들의 나이는 비슷했던 것 같다. 지금 생각해 보면 40대 초반쯤 되는 분들이었다. 그런데 어린 시절에는 그분들이 왜 그렇게 나이 든 어른처럼 보였는지 지금도 미스터리다.

시대가 그만큼 변했다는 증거인지도 모른다. 건강연령으로 비교하자면, 필자가 10살이 되는 1970년의 40세는 아마도 지금의 50대 후반이나 60대 초반과 비슷할 듯싶다. 필자가 어릴 때만 해도 40살 정도는 한참 어른처럼 보였다. 그런데 지금 40살은 새파란 청춘이다.

그래서 지금은 자신의 달력 나이에 0.7을 곱해야 제대로 된 나이라는 얘기까지 나올 정도다. 사람들이 그만큼 건강해지고 젊어졌다는 증거다.

60살이면 이전에는 환갑잔치를 열던 나이다. 60살에 0.7을 곱해 보자. 42살이 된다. 실제로 필자 주위에 있는 60살 전후의 사람들을 보면, 주름도 없고 건강미가 넘치는 청춘이 많다. 달력 나이가 큰 의미를 가지지 않는 시대로 점점 접어들고 있다는 것을 실감할 수 있다.

나이와 무관한 사회로의 전환

이제 어쩌면 달력 나이는 잊어야 할지도 모르겠다. 사람들이 점점 더 건강해지고 수명은 점점 더 길어지면서 달력 나이가 가지는 의미가 이전보다 많이 줄어들고 있는 것이 사실이다. 개인적으로도 그렇지만, 사회적인 측면에서도 나이와 무관한 사회로 점점 더 바뀌어가고 있다. 그 이유로 크게 두 가지를 들 수 있다.

첫째는 나이 든 사람보다 훨씬 더 똑똑한 젊은이가 대거 등장하고 있기 때문이다. 인디언 부족의 전통에서 알 수 있듯이, 옛날에는 나이 든 사람은 지혜의 상징이었다. 나이가 들수록 경험과 경륜이 많아지고 지혜가 더 풍부한 것이 사실이었다. 그래서 노인들을 공경하고 우대하던 시절이 있었다.

그러나 시대가 급변했다. 특히 디지털기술의 급속한 확산으로, 누구나 경험과 경륜을 간접 경험할 수 있는 시대가 되었다. 디지털기술의 활용 덕택에 젊은이가 노인보다 훨씬 더 똑똑해질 수 있는 시대가 되었다.

먼 데서 예를 찾을 필요도 없다. 필자와 필자의 아들을 비교해 보아도 금방 알 수 있다. 필자는 55세다. 필자의 아들은 고1이다. 39살 차이가 난다. 그럼에도 불구하고 아들이 아빠보다 훨씬 더 똑똑할 때가 많다는 것을 필자는 자주 경험한다. 특히 예술, 음악, 스포츠 등과 관련해서는 필자보다 아는 것도 훨씬 많다. 생각의 깊이나 사고의 논리성도 필자 못지않을 때가 많다.

요즘에는 회사에서도 유사한 예가 아주 흔하다. 입사경력 5년 전후의 젊은 직원이 경력 20년이 넘은 중견직원보다 똑똑한 경우도 많다. 50대의 일반직원이 수두룩한데도 30대, 40대에 사장과 임원이 되는 경우도 흔하다. 한마디로, 사람들의 능력과 역량이 나이와 무관한 사회가 되어가고 있다.

물론 반대의 경우도 흔하다. 나이 든 사람들 중에서도 보통의 젊은이보다 더 똑똑하고 더 활동적인 분들도 많다. 무기력한 노인도 많지만, 활기찬 노인이 점점 늘어나고 있고, 앞으로는 더욱더 늘어날 것임에 틀림없다.

여러 가지 이유가 어우러져 그런 현상이 일어난다. 의학기술과 생명과학 기술의 발전으로 수명은 증가하고 나이가 들어도 여전히 건강하다. 디지털기술의 발전으로 노인들도 새롭게 학습하고 똑똑해질 수 있는 가능성이 젊은이들과 똑같이 열려 있다. 나이가 들어도 열정이 있고 일하려는 의지가 있는 분들은 여전히 똑똑하고 에너지가 넘쳐흐른다. 그래서 젊은이들보다 더 젊게 사는 노인들도 많다. 이 또한 나이와 무관한 사회로의 전환을 보여주는 현상의 하나다.

그렇다. 이제부터의 사회에서는 나이는 큰 의미가 없다. 달력 나이로서의 의미만 있을 뿐이다.

누가 더 똑똑한가? 나이 든 사람이 항상 더 똑똑하다고 할 수 없다. 나이 어린 젊은이가 나이 든 노인보다 훨씬 더 똑똑할 수 있는 세상이다. 물론 그 반대도 마찬가지다. 열심히 노력하는 노인은 아무리 나이가 들어도 젊은이보다 더 똑똑할 수 있다.

누가 더 청춘인가? 젊은 사람이 항상 더 청춘이라고 말할 수도 없다. 80세, 90세 된 노인이 새파란 젊은이보다 더 청춘일 수도 있다. 열정과 노력과 미소가 있는 한, 노인도 젊은이만큼 청춘일 수 있다.

그래서 우리 사회는 이제 나이와 무관한 사회로 급속히 변화하고 있다. 지금부터 달력 나이는 잊자. 오직 노력과 열정만을 생각하자.

여성의 시대에서
노인의 시대로

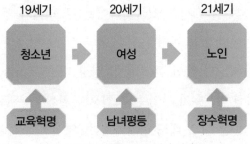

여성의 시대에서 노인의 시대로

장수혁명과 노인의 시대

사회의 구성원은 성별, 계층, 연령 등에 관계없이 모두가 소중한 인적 자원이다. 사회 발전을 위한 소프트웨어이자 휴먼웨어다. 물론 이렇게 사회 발전을 위한 인적 자원으로서 모든 사회 구성원이 다 중요한 것은 사실이지만, 시대변화에 따라 특정 사회 구성원들의 가치가 상대적으로 더 많이 강조되었던 것도 사실이다.

먼저 19세기 이후 전 세계적으로 학교교육이 체계화되고 보편화되면서, 청소년을 차세대 인적 자원으로 교육하고 육성하는 것이 대폭 업그레이드되었다. 초·중·고등학교 의무교육이 단계적으로 확산되면서 한 사회 속의 모든 청소년들이 교육의 혜택을 보게 되었다. 이에 따라 청소년이라면 누구나 개인의 행복과 사회 발전을 위한 인적 자원으로서의 자질을 갖출 수 있는 학교 교육을 받을 수 있게 되었다. 이른바 교육혁명이 일어났다.

이에 반해, 대부분의 사회에서 여성의 사회적 지위는 오랜 세월 동안 억눌려 왔다. 우리나라만 해도, 약 40~50년 전만 해도 여성이 중학교, 고등학교를 진학하려고 하면 집안 어른들이 반대하는 것이 일반적인 사회 분위기였다. 지금 생각하면 참 황당한 일이다.

그러다 어느새 남녀평등, 양성평등이란 키워드가 사회적인 화두가 되었고, 여성의 사회 진출도 활발해졌다. 대한민국의 경우, 지금은 학교에서도 직장에서도 남성이 오히려 여성에게 실력으로 밀리는 경우가 많아지고 있다. 이른바 사회적 인적 자원에 있어 여성 상위의 시대는 이미 시작되었다.

여성우위의 이러한 추세는 앞으로도 더욱더 강화되고 지속될 것으로 전망된다. 앞으로의 시대 흐름이 좌뇌에서 우뇌로, 이성에서 감성으로, 논리에서 공감으로 점차 이동하고 있고, 이 점에서 여성은 남성에 비해 탁월하기 때문이다.

그런데 최근에는 여성의 시대뿐만 아니라 새로운 시대 현상이 뚜렷하게 나타나기 시작했다. 노인의 시대가 시작되고 있다. 장수혁명 덕에 지금의 노인들은 더 이상 옛날의 허약한 노인이 아니다. 노인들이 나이는 많지만 건강하고 활력이 넘친다. 신체적으로는 상대적으로 약하지만, 정신적으로는 젊은이들에 비해 훨씬 우월한 경우가 많다. 과거에는 노인의 능력에 대해 부정적인 시각이 지배적이었지만, 이젠 긍정적이고 새로운 시각을 가져야 할 시점이다.

여성에 이어 노인은 더없이 귀중하고 훌륭한 사회적 인적 자산이 될 것이다. 사회 발전을 위한 최고의 자원이다. 바야흐로 여성의 시대를 이어 노인의 시대가 시작되고 있다. 노인의 시대가 주는 메시지를 긍정적으로 수용하고 노인의 가능성을 전 사회적으로 활용할 수 있어야 한다.

노인 소외의 악순환에서 노인 존중의 선순환으로

노인이 가장 공경 받는 사회가 어디일까를 생각할 때, 제일 먼저 떠오르는 것은 인디언 사회다. 인디언 부족 사회에서 노인은 절대적으로 존중받는 어른이었다. 지혜의 대표자라고 인정받기 때문이다.

그런데 지금 우리 사회는 어떤가? 한마디로 젊음이 지배하는 사회다. 젊음만이 가치를 인정받는 사회다. 노인은 현장에서 뒤로 물러나기를 암묵적으로 요청받는 사회다. 노인에 대해 긍정적인 생각보다 부정적인 관점이 지배하는 사회다.

왜 그렇게 되었을까? 우선, 압축적이고 빠른 경제성장을 들 수 있다. 대한민국은 워낙 빠른 속도로 성장해왔다. 한마디로 스피드 사회였다. 그 속에서 노인은 상대적으로 스피드가 더디다고 여겨진다. 거기다 디지털의 확산 여파도 크다. 신기술의 확산, 실시간 수평적 의사소통에 젊은이는 쉽게 적응할 수 있지만 노인은 쉽지 않다. 급격히 변하는 디지털 시대는 노인들이 점점 구석으로 밀려나는 또 하나의 이유가 되고 있다.

뿐만 아니다. 노인이 존경받는 대상이 되기 위해서는 노인들의 태도와 행동도 대단히 중요하다. 이런 점에서도 노인들은 자기반성의 여지가 크다.

전 세계적인 추세는 여성의 시대를 지나 장수혁명에 기반을 둔 노인의 시대로 진입하고 있지만, 대한민국의 지금은 노인이 무시되거나 위축되는 시대다. 이제는 이를 극복하는 것이 필요하다.

노인이 사회에서 소외되면 노인들은 자연스럽게 위축된다. 그런데 노인의 인구 비중은 늘어만 가고 있다. 따라서 노인의 위축은 필연적으로 사회 전체의 위축으로 귀결된다. 노인 소외의 악순환이다.

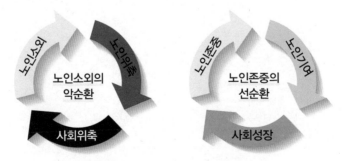

노인 소외의 악순환, 노인 존중의 선순환

거꾸로 사회가 노인을 존중하면 어떻게 될까? 나이는 많지만 여전히 건강하고 정신적으로는 더 큰 힘을 지닌 노인들이 사회에 기여할 가능성이 커진다. 노인 비중이 점점 더 커지고 있는 상황에 노인들의 사회적 기여가 점점 더 커지면 어떻게 될까? 자명하다. 그 사회는 더욱더 성장할 수밖에 없다. 노인 존중의 선순환을 만든다. 이런 사회가 우리들이 추구해야 할 고령화 사회의 바람직한 미래모습이다.

07 고령자 부양사회에서 고령자 자립사회로

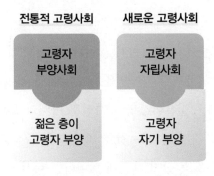

고령자 부양사회에서 고령자 자립사회로

새로운 고령사회는 고령자 자기부양 시대

통계청이 산출하는 인구통계 중에서 '노인 1명당 부양인원'이라
는 통계가 있다. 노인 1명을 부양하기 위해 젊은이 몇 명이 필요
한가 하는 통계치를 말한다. 이 통계치의 이면에는 당연히 젊은

층이 고령자를 부양해야 할 사회적 의무가 있다는 의식을 보여 주고 있다.

통계청이 산출한 노인 1명당 부양인원의 변화치를 보면 재미있는 현상을 발견할 수 있다. 1970년의 경우, 부양인원은 17.7명이다. 노인 1명을 부양하기 위해 약 18명의 젊은이가 서로 나누어 부담하면 된다는 얘기다. 그런데 이 수치는 점점 낮아지고 있다. 1970년의 17.7명에서 2005년에는 7.7명으로 낮아졌다. 1970년에는 1명의 노인을 부양하기 위해 18명의 젊은이들이 분담하면 되었지만, 2005년에는 8명의 젊은이들이 부담해야 한다는 얘기가 된다. 젊은이들의 노인부양 부담이 두 배 이상으로 늘어났다는 의미가 된다.

그러나 문제는 여기서 그치지 않는다. 통계청의 예측에 의하면 2050년에는 노인 1명당 부양인원은 1.4가 될 것이라고 한다. 이대로 간다면 모든 젊은이 1명이 자신뿐 아니라 노인 1명을 부양해야 할 의무를 지게 된다는 것을 의미한다. 출산율은 낮은데 노인들은 점점 더 오래 살기 때문에 일어나는 현상이다. 만일 이 수치대로 간다면 큰일이다. 노인은 엄청난 사회적 부담이자 젊은이의 무거운 짐이 되기 때문이다.

이렇게 가서는 절대로 안 된다. 그렇다면 이 문제를 해결할 수 있는 뾰족한 방법이 있을까? 있다. 노인들에게 일할 수 기회를 제공하는 것이다. 노인들이 일할 수 있다면 굳이 젊은이들이 부양할 필요가 없다. 노인이 일하면서 스스로를 부양할 수 있는 것이다.

전통적인 고령사회는 '고령자 부양사회'였다. 젊어서 열심히 일하고, 은퇴하고 나면 다시 일하는 젊은이들이 은퇴한 노인들을 부양하는 그런 사회였다. 지난 20세기 말까지 우리 인류는 거의 5천 년 이상을 고령자 부양사회의 패러다임 속에서 살아왔다.

그러나 이제 사회는 근본적으로 바뀌고 있다. 평균 수명 100세 시대, 장수 수명 120세 시대에 진입하면서 젊은이가 노인을 부양하는 모델은 더 이상 작동할 수 없게 되어가고 있다. 젊은이들은 자기 스스로도 부양하기 힘든 세상이다. 젊은이가 고령자를 부양할 수 있는 여력은 전혀 없는 사회가 되고 있다. 120세를 사는 까닭에, 60세에 은퇴한 후 60년 가까이를 젊은이들에게만 마냥 기대는 것이 도저히 불가능한 사회가 되었다.

답은 오직 하나다. 21세기 이후에 전개되어야 할 바람직한 모습의 새로운 고령사회는 '고령자 자기부양사회'다. 고령자 한 사람 한 사람이 평생직업, 평생노동을 통해 자기 스스로를 부양해야만 하는 사회다. 그렇지 않으면 그 사회는 미래가 없다. 고령자 자기부양 사회가 되어야 사회 전체가 건전해진다. 다른 어떤 답보다 지혜로운 답이다.

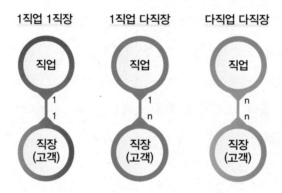

평생직장의 시대에서 프리 에이전트의 시대로

20세기는 평생직장의 시대, 21세기는 평생직업의 시대

여태까지 거의 대부분의 사람들에게 그 사람의 직장은 곧 그 사
람의 직업인 시대였다. 어떤 사람이 병원이라는 직장에 근무한다

면, 의사나 간호사가 그 사람의 직업이었다. 회사에 근무한다면 회사원이 그 사람의 직업이었고, 정부에 근무한다면 공무원이 그 사람의 직업이었다.

그리고 20세기에는 대부분의 사람이 한 직장에서 근무하다가 정년퇴직을 맞이하는 경우가 많았다. 그렇게 보면 평생직장인 셈이다.

이제는 사정이 완전히 달라졌다. 현재의 직장이 평생을 보장하던 시대는 끝났다. 평생직장이라고 해서 평생현역을 보장하는 것도 아니다. 수명의 증가로 인해 현실적으로 더 이상 그럴 수 없게 되었다.

평생직장의 시대에서 평생직업의 시대로

21세기는 평생을 현역으로 일해야만 하는 시대다. 그런데 평생 직장은 더 이상 찾을 수 없다. 그렇다면 어떻게 해야 할까? 평생 직장이 아니라 자신만의 평생직업을 찾는 것이 필요하다. 평생직 업을 찾으면 평생현역으로 일할 수 있는 가능성도 열리게 된다.

평생직업의 시대는 프리 에이전트의 시대

20세기 평생직장의 시대는 직장이 곧 직업인 시대였다. 직장과 직업 간의 구별이 별로 필요치 않은 시대였다. 그러나 21세기 평생직업의 시대는 직업과 직장이 완전히 독립적으로 분리되는 시대다. 직업과 직장이 더 이상 1:1 관계가 아니다.

평생직업의 시대는 평생현역의 시대다. 그리고 평생직업, 평생현역의 시대는 곧 프리 에이전트의 시대다. 특정 직업역량을 가진 사람이 하나의 직장, 또는 여러 개의 직장과 계약을 맺어 일하는 시대다. 그 결과 하나의 직업을 가진 사람이 여러 개의 직장에서 동시에 일할 수 있는 시대가 되었다.

더 나아가, 능력 있는 사람이라면 여러 개의 직업을 가지는 것도 얼마든지 가능한 시대다. 여러 개의 직업을 가지면서 여러 개의 직장과 계약을 맺고 일하는 멀티 플레이어로서의 프리 에이전트도 얼마든지 가능한 시대다.

『프리 에이전트의 시대』의 저자 다니엘 핑크에 의하면, 미국은 이미 2000년에 전체 노동인구의 30%인 4천만 명 이상이 프리 에이전트로서 일하고 있다고 한다. 그리고 일의 미래를 연구하는 거의 모든 전문가들도, 프리랜서 또는 프리 에이전트로서 일하는 사람의 비중은 향후 점점 더 증가할 것으로 예상하고 있다.

평생직업, 평생현역, 프리 에이전트로의 시대 흐름을 알고 인생 후반전의 자기 직업을 선택해야 한다. 내가 무슨 일을 할지를 선택하는 것도 중요하지만, 그에 앞서 나 자신에게 어떤 유형의 직업이 맞을지를 먼저 고려할 필요가 있다.

예를 들어, 기존처럼 하나의 직업으로 하나의 직장에만 속해서 일하는 직업을 고를 수도 있다. 아니면 하나의 직업으로 여러 개의 직장과 계약관계를 맺어서 프리 에이전트로서 일하는 직업을 선택할 수도 있다. 물론 여러 개의 직업에 종사하면서 여러 개의 직장에 다닐 수도 있다. 당신은 어떤 유형이 맞는가?

09 21세기형 직업모델은 가로모델이다

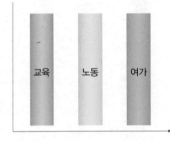

20세기형 직업모델

21세기형 직업모델

20세기형 직업모델과 21세기형 직업모델

직업모델의 패러다임 변화: 세로모델에서 가로모델로

20세기의 인생모델에서는 막대들이 세로로 서 있다. 청년 때까지 열심히 공부하고, 중년에 열심히 일하고, 노년에는 여가를 즐기는 이미지를 간단히 표현한 것이다. 20세기까지는 딱 들어맞았던 모델이다.

그런데 어느 틈엔가 인생모델과 직업모델에 근본적인 패러다임 변화가 일어나고 있다. 세로로 서있던 막대들이 가로로 평행하게 펼쳐지는 가로모델 시대가 열리고 있다. 한마디로 평생교육, 평생직업, 평생여가의 시대가 도래하고 있는 것이다. 아니, 이미 도래했음에도 불구하고 우리가 절실히 체감하고 있지 못할 뿐이다.

언뜻 보기에는 단순히 세로모델에서 가로모델로 바뀐 것뿐이라고 생각할지도 모르겠지만, 세로모델에서 가로모델로의 변화는 실은 어마어마한 충격이다. 우리의 인생을 송두리째 뒤흔드는 '인생모델과 직업모델의 21세기판 코페르니쿠스적 대전환'이라고 할 수 있다.

바야흐로 평생직업의 시대다. 평균 수명 100세 시대, 120세까지도 살 수 있는 장수시대에 접어들면서 이제는 평생 일하지 않으면 안 되는 시대가 되었다. 그리고 평생직업, 평생고용을 가능케 해주는 역량과 경쟁력을 기르기 위해서는 부단히 새롭게 학습하지 않으면 안 된다. 평생교육을 받지 않을 수 없는 시대가 된 것이다. 평생노동을 해야 하는 시대이므로 여가도 일과 함께 병행하여 즐기지 않으면 안 된다. 평생여가의 시대가 될 수밖에 없는 이유다.

이렇게 평생교육, 평생직업, 평생여가가 평생토록 함께 병행해서 이루어지는, 이른바 가로모델 시대가 현실이 되어 우리 앞에 성큼 와 있다. 그럼에도 불구하고 많은 사람들이 아직도 가로모델 시대의 도래를 체감하지 못하고 있다. 왜냐하면 아직도 20세기형 사고가 우리들의 머리와 마음속에 들어앉아 있기 때문이다.

이제는 20세기형 세로모델에서 완전히 탈피하자. 평생교육, 평생직업, 평생여가가 공존하는 21세기 가로형 인생모델, 가로형 직업모델을 준비하는 노력을 본격적으로 시작하자.

인생 알기

: 인생의 길이 변화와 일테크

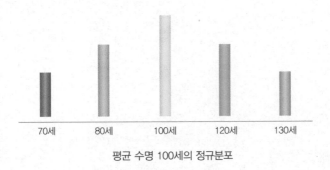

평균 수명 100세의 정규분포

평균 수명 100세란 120살, 130살까지도 살 수 있다는 것

10년 전만 해도 100세 시대라는 용어를 접하기는 어려웠다. 기껏해야 평균 수명이 80세로 늘어가고 있다는 정도의 얘기가 고작이었다.

그런데 지난 몇 년 사이에 100세 시대라는 단어가 급속도로 확산되었다. 더구나 최근에는 사람들이 100세 시대를 당연하게 받아들이는 분위기다. 인터넷이 처음 확산될 때는 모두들 신기해하다가, 인터넷 활용이 보편화되자 사람들이 인터넷을 극히 일상적인 우리 생활의 일부로 받아들인 것과 유사한 현상이다.

2016년 현재 한국인의 평균 수명은 82세이지만, 평균 수명 100세 시대가 빠르게 다가오고 있는 것은 피할 수 없는 사실이다. 이러한 추세를 증명이라도 하듯, 2016년 4월 공영방송 KBS에서는 2부작 특집으로 120세 시대를 다루었다. 전 국민이 청취하고 있는 공영방송에서 100세 시대가 아닌 120세 시대가 다가오고 있다는 화두를 던진 것이다. 좋든 싫든 우리는 이제 최소한 평균 수명 100세 시대가 바로 눈앞에 도래했다는 사실을 받아들여야 한다. 그래야만 대책을 세울 수 있다. 100세 시대를 믿어도 행동하지 않으면 재앙인데, 100세 시대를 믿는 것조차 않으면 정말로 재앙이다.

그런데 여기서 우리가 주의해야 할 점이 있다. 평균 수명 100세 시대의 진정한 의미를 되새겨볼 필요가 있다.

자, 중·고등학교 때 배웠던 통계학으로 한번 되돌아가 보자. 어떤 분포가 정규분포를 한다는 것이 어떤 의미인지 이미지가 떠오르는가? 어떤 학년 전체 학생의 평균성적이 80점이란 얘기는 중간 성적이 80점이란 얘기다. 평균성적 80점이란 의미 속에는 실은 60점짜리 성적도 있고 100점짜리 성적도 있을 수 있다는 얘기다.

수명도 마찬가지다. 평균 수명이 100세라는 의미는 보통의 사람이 평균 100세를 산다는 의미다. 따라서 평균 수명 100세라는 의미 속에는 어떤 사람은 70세 또는 80세밖에 못사는 사람도 있다는 얘기가 포함된다. 뿐만 아니라 평균 수명 100세라는 의미 속에는 건강관리를 잘한 사람은 120세, 130세까지도 살 수 있다는 얘기까지도 포함하고 있다.

기억하자. 평균 수명이 100세라고 했지만, 우리는 120세, 130세까지도 살 가능성이 충분히 있다는 엄연한 통계학적 진실을.

그렇다면 인생 후반전을 위한 계획을 세울 때는 나의 수명을 100세로 생각하고 짜기 보다는, 적어도 120세로 놓고 작전을 세우는 것이 훨씬 더 현명한 일이리라. 최종 선택은 독자 여러분 각자의 믿음과 상상에 맡긴다.

02 인생 후반전의 길이 변화 : 10년에서 50년으로

평균수명 60세 시대 (1960년대)	평균수명 100세 시대 (2020년대)
인생 전반전 약 50년 / 인생 후반전 10~20년	인생 전반전 약 50년 / 인생 후반전 50~60년

평균수명 증가에 따른 인생 후반전의 길이 변화

인생 후반전 40년이 더 늘어났다!

인생 후반전을 준비하는 전략과 계획을 제대로 세우기 위해서는, 우선 인생 후반전에 관한 가장 기본적인 지식을 제대로 가지고 있는 것이 필요하다.

인생 후반전을 대비해 갖추어야 될 가장 기본적이면서도 가장 중요한 정보는 인생 후반전의 길이다. 인생 후반전이 얼마나 긴 시간인지에 대한 정확한 지식이자 인식이다.

인생 후반전의 정확한 길이는 과연 어느 정도일까? 이에 대해서 대부분의 사람들이 착각하고 있다. 아니 착각하기보다는 진실을 인정하지 않거나 회피하려 하고 있다고 얘기하는 것이 더 맞을 듯싶다.

우리들은 지금 평균 수명 100세 시대를 살면서도 우리의 머릿속에는 평균 수명 60세 시대의 생각이 들어앉아 있다. 자, 우리의 평균 수명이 100세라고 해 보자. 우리의 인생 전반전은 보통 50세, 길어도 60세 정도라고 할 수 있다. 그렇다면 인생 후반전은 얼마나 되는가? 50세 이후부터 100세까지 약 50년의 시간이다. 110세까지 살게 된다면 인생 후반전은 60년이 되고, 120세까지 살게 된다면 인생 후반전은 70년이나 된다.

인생 후반전이 50~60년이나 된다는 얘기다. 믿기 어렵겠지만, 이제는 인생 전반전보다도 인생 후반전의 시간이 더 길다. 그런데도 불구하고 사람들은 여전히 인생 후반전이 10~20년밖에 안되는 것처럼 인식하고 있다. 아니 어쩌면 인생 후반전이 50~60년으로 늘어났다는 사실을 알면서도 머릿속에서는 애써 진실을 회피하고 있는지도 모른다.

그러나 이제는 진실을 직시하도록 노력하자. 인생 후반전이 50~60년이나 된다는 사실을 명확히 인식하고 수용하자. 그래야 제대로 된 인생 후반전 준비가 가능하다.

인생 전반전 50년 vs 인생 후반전 50년: 뭐가 더 중요할까?

엉뚱한 질문을 한번 던져 보자. 보통사람이라면 누구나 인생 전반전과 인생 후반전을 모두 살게 되는 것이 당연하다. 그런데 인생 전반전과 인생 후반전 중 어느 것이 더 중요할까?

답은 너무나도 명확하다. 인생 후반전이 훨씬 더 중요하다. 그 이유도 명확하다.

우리는 인생 전반전도 살지만 전반전을 거쳐 후반전도 반드시 살아야만 한다. 전반전에 아무리 잘 살았다 한들 후반전을 잘 살지 못하면 너무도 힘든 인생이 된다. 거꾸로 전반전을 잘 살지 못했더라도 후반전을 잘 살게 된다면 그 인생은 나름대로 잘 산 인생이라고 평가받게 된다. 뒤가 좋고 끝이 좋아야 한다. 우리의 인생은 더욱더 그렇다.

인생의 전반전과 후반전의 비교

인생 후반전이 10~20년에 불과했을 때는 사람들은 인생 전반전에 더욱 비중을 두었다. 인생 후반전은 전반전을 열심히 뛰고 인생을 마감하기 전에 거치는 잠시 동안의 휴식 시간에 불과했기 때문이다.

그러나 이젠 시대가 완전히 변했다. 평균 수명 100세 시대가 되면서 인생 전반전보다 더 긴 인생 후반전이 기다리고 있다. 잠시 동안의 휴식 시간이라기보다는 또 하나의 새로운 인생이, 인생 후반전이란 이름으로, 나에게 덤으로 한 번 더 주어졌다고 보는 것이 더 적절하다.

그래서 우리는 인생 후반전을 혼신의 힘을 다해 잘 준비해야 한다. 인생 후반전이 인생 전반전보다 더 멋지고 더 나은 것이 바람직하다. 그래야만 우리의 인생이 제대로 행복한 인생이 된다.

03 50억 원보다 소중한 나의 새로운 50년

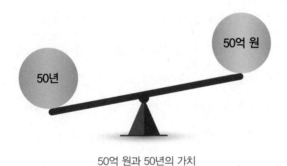

50억 원과 50년의 가치

인생 후반부의 시간을 돈으로 환산한다면?

시간은 돈이다. 시간을 아껴 쓰라는 의미에서 어릴 때부터 귀에 못이 박히도록 들어온 말이다. 이 격언은 사람들이 더욱 바빠지면서 더 빛을 발하고 있다. 시간의 가치가 상대적으로 점점 더 올라가고 있는 것이다.

우리 인생은 시간으로 구성되어 있다. 만일 평균 수명 100세 시대라고 한다면, 우리 인생은 100년이라는 시간으로 구성되어 있는 셈이다. 그렇다면 여기서 커다란 질문을 하나 던져 보자. 우리 인생 100년의 가치를 돈으로 환산한다면 얼마나 될까?

선뜻 대답하기가 쉽지 않다. 그렇지만 분명한 것은 나의 인생 100년의 가치는 돈으로 환산하기에는 너무나도 소중하고 고귀하다는 사실이다. 세상에 유일무이한 생명이자 보석이기 때문이다. 100억 원을 준다고 해도 나의 인생 100년과 바꿀 수는 없는 일이다. 나의 인생 100년은 곧 나의 생명이다. 100년짜리 나의 생명을 어떻게 감히 100억 원과 바꿀 수 있겠는가?

질문을 조금 달리해 보자. 나의 인생 전부가 아니라 나의 인생 후반부를 돈의 가치로 환산한다면 얼마나 될까? 이 질문에도 선뜻 답하기가 어렵기는 마찬가지다.

내 인생 후반부가 50부터 시작되고 나의 예상수명이 100년이라고 가정하면 나의 인생 후반부는 50년이나 된다. 그럼 나의 인생 후반부 50년의 시간 가치는 과연 얼마나 될까? 위에서 나의 100년 인생 나의 100년 생명은 100억 원보다 훨씬 더 가치가 있다고 했다. 무식한 듯하지만 비슷한 논리로 본다면, 나의 후반부 인생 50년은 50억 원보다 훨씬 더 가치가 있다고 결론을 내려도 옳다고 본다. 50억 원보다도 소중하고 새로운 50년이 나에게 주어진 것이다.

인생에 관한 천동설과 지동설

인생에 관한 천동설

나이 듦에 대한
낡은 믿음

1. 부정적 인식
2. 젊은이 중심, 노인 소외
3. 나이 들면 쓸모가 없어진다
4. 나이 들면
   몸도 마음도 늙는다

인생에 관한 지동설

나이 듦에 대한
새로운 믿음

1. 긍정적 인식
2. 노인도 중심이 될 수 있다
3. 나이 들어도 쓸모가 많다
4. 몸은 늙어도
   마음은 더 젊어질 수 있다

인생에 관한 천동설과 지동설

나이 듦에 대한 코페르니쿠스적 전환이 필요한 때

오랜 세월동안 인류는 천동설을 믿어왔다. 지구가 천체의 중심
이라고 믿었다. 코페르니쿠스가 지동설을 주장하기 전까지는 아

무도 지동설을 믿지 않았다. 그런데 이제는 그 누구도 지동설을 의심하는 사람은 없다. 잘못된 믿음을 깨고 결국은 진실이 이긴 셈이다.

인생에 관해서도 마찬가지다. 지금은 나이 듦에 대한 부정적인 인식이 팽배해있다. 나이가 들면 쓸모가 없어진다는 인식이 젊은 이들에게도 당사자인 노인들의 마음속에도 굳게 못 박혀 있다. 나이가 들면 몸도 늙고 더불어 마음도 늙어간다고 생각해 버린다. 그래서 노인들은 자연스럽게 사회로부터 소외된다.

그러나 실제는 전혀 다르다. 시대가 완전히 변했다. 평균 수명 100세 시대다. 80세, 90세가 되어도 여전히 건강하다. 신체는 늙어가고 약해질 수 있을지 몰라도 정신은 오히려 더 젊어질 수 있다. 그래서 나이가 들어도 오히려 더 쓸모가 많을 수 있다.

그럼에도 불구하고 인생에 관한 한, 우리는 아직도 천동설에 머물러 있는지도 모른다. 나이 듦에 대한 부정적인 인식을 떨치지 못하고 있다. 천체에 관해 천동설이 아니라 지동설이 진실이듯이, 이제는 인생에 관해서도 지동설을 믿을 필요가 있다. 나이가 들어서도 여전히 쓸모가 많고 정신의 힘은 더 커질 수 있다는 인생의 지동설을 믿도록 하자.

노인은 오래된 포도주, 오래된 자연이다

'노인' 하면 떠오르는 이미지가 무엇인가? 주름살, 노약자, 은퇴자 등의 이미지가 먼저 떠오른다. 고리타분, 고집불통, 완고함 등의 이미지가 떠오르기도 한다. 심지어는 무기력, 무능력, 비생산적 등의 이미지를 떠올리기도 한다. 이런 이미지가 우리들의 머릿속에 오랫동안 무의식적으로 자리 잡고 있는 노인에 관한 이미지다.

그러나 노인에 관한 이런 부정적인 이미지는, 실은 오래전에 형성된 노인에 관한 이미지가 아직도 우리들의 머릿속에 고착된 상태로 남아있기 때문이다.

노인들은 점점 빠르게 변하고 있다. 나이가 들어도 젊은이보다 더 멋진 노인들이 늘어나고 있다. 얼굴에 주름은 늘어도 여전히 건강미가 넘치는 노인들이 증가하고 있다. 비록 신체는 조금씩 약해져 가지만, 지혜와 통찰력과 정신세계는 한없이 깊어가는 노인들이 많다.

그동안 노인에 대한 부정적인 이미지가 너무도 뿌리 깊이 박혀 있었다. 이제는 노인들에 대한 우리들의 생각도 바꾸어나가야 할 때다. 노인에 대한 부정적인 이미지를 긍정적인 이미지로 바꾸어야 한다.

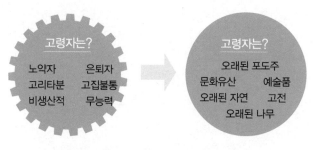

고령자에 대한 부정적 인식을 긍정적 인식으로

자세히 보면 노인은 오래된 포도주다. 오래된 문화유산이자 예술품이다. 아름드리 그늘을 드리울 수 있는 아늑하고 오래된 나무다. 오래된 자연이자 고전이다. 나무가 오래되었다고 그 나무가 미운가? 수백 년 된 나무가 껍질이 벗겨지고 패이고 했다고 그 나무를 보기가 싫어지는가? 오히려 나무의 그윽하고 깊은 연륜이 느껴지지 않는가? 오히려 나무의 오래된 멋과 깊은 맛이 느껴지지 않는가?

오래된 나무를 보는 그런 긍정적인 눈으로 노인을 다시 보자. 그러면 노인은 한없이 귀중한 자산이 될 수 있다. 아니 노인은 이미 한없이 귀중한 자산이다.

인생도 인생 후반전도 마라톤이다

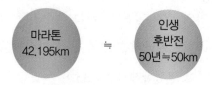

마라톤과 인생 후반전

인생은 100km 마라톤, 인생 후반전은 50km 마라톤

필자는 마라톤을 해 본 적은 없다. 그러나 마라톤의 느낌은 누구보다도 잘 안다. 일본에서 6년간 공부하면서 틈만 나면 마라톤 중계를 보았기 때문이다.

일본은 거의 일 년 내내 정말 자주 마라톤 중계를 해 준다. 마라톤 대회도 정말 많다. 40여 개에 달하는 전국의 지방별로 대회가 있다. 고교 마라톤 대회도 있고, 대학 마라톤 대회도 있고, 별별

이름의 마라톤 대회가 다 열린다. 일본은 어쩌면 마라톤 국가라고 해도 어울릴 듯싶다.

6년간 마라톤 중계를 보면서 필자가 깨달은 중요한 사실이 있다. 잘 달리는 대부분의 마라톤 주자들에게는 공통점이 하나 있다. 첫 시작에서부터 42.195km 끝 지점까지 거의 변함없는 스피드, 한결같은 동작, 변함없는 얼굴표정이다. 최선을 다해서 뛰지만 끝까지 지치지 않고 뛸 수 있는 자신만의 페이스로 달리는 한결같은 모습을 느낄 수 있다. 그런 프로 마라토너의 모습을 계속해서 보고 있으면 저절로 존경과 경의의 마음을 표하고 싶다.

그러면서 문득 떠오르는 한결같은 생각이 있다. '어쩌면 우리 인생도 마라톤과 거의 같지 않을까?'라는 생각이다. 일본에서 공부한 지는 이미 20년이 지났지만 인생이 꼭 마라톤 같다는 느낌은 지금도 변함이 없이 생생하게 떠오른다.

그렇다. 인생은 마라톤이다. 100세 인생은 100km 마라톤이다. 42.195km도 어마어마하게 긴 코스인데 인생은 100km나 되는 길고 긴 코스다. 인생은 짧다고들 하지만 결코 짧지 않다. 100km 마라톤 코스와 같은 길고 긴 여정이다. 힘 조절, 속도 조절을 잘해야 무사히 완주할 수 있다. 너무 느리게 달려도 안 되고 너무 급하게 달려도 안 된다. 최선을 다해 달리되, 끝까지 달릴 수 있는 스피드를 유지하면서 한결같이 달려야 한다.

인생 후반전은 인생의 뒤쪽 부분이다. 그러므로 인생 후반전도 인생이라는 마라톤의 일부다. 100세 인생이 100km 마라톤이라면, 50년에 달하는 인생 후반부는 50km 마라톤이다. 힘 조절, 속도 조절을 더욱 더 잘해야 하는 구간이다. 이미 50km를 달려왔기 때문이다. 50km를 달린 후에 또 다른 50km를 더 달려야 하기 때문이다. 결승점이 붙어 있는 후반부 50km를 달려야 하기 때문이다.

이미 50km라는 머나먼 길을 달려왔기 때문에 몸은 지칠 대로 지쳐있을 수 있다. 나이가 들면서 신체가 더 약해지는 것과 마찬가지다. 그럼에도 불구하고 앞으로 50km나 남은 먼 길을 반드시 더 달려야 한다는 것을 기억하자. 에너지도 더 필요하고 즐거움도 더 필요하다. 신체적인 건강도 필요하지만, 정신력과 자신감은 더욱더 필요하다.

인생은 마라톤이다. 인생 후반전도 마라톤이다. 기나긴 마라톤의 이미지를 떠올리면서, 길고 긴 마라톤 코스를 멋지게 완주하는 자신의 모습을 떠올리면서 인생 후반전을 달리자.

외(外) 봉우리형 인생
(~20세기)

다(多) 봉우리형 인생
(21세기~)

인생의 정상은 한 개가 아니다

우리의 인생은 외봉우리형에서 다봉우리형으로 변했다

우리는 오랜 관습에 사로잡혀 살아가는 경우가 허다하다. 그럼
에도 불구하고 우리는 그 사실을 모른 채 평생을 살아가는 경우도
많다. 인생의 정상에 관한 우리의 생각도 그 중 하나다.

여태까지 우리의 인생은 대부분 외봉우리형 인생이었다. 젊어서 열심히 일하고 그 덕분에 20~30년이 지나면 자신이 도달할 수 있는 정점에 달한다. 회사에서 임원이 되기도 하고, 특정 분야에서 최고의 전문가로 인정받기도 한다. 그렇지 못한 경우라 하더라도 경험과 경륜이 풍부해져 남들로부터 존경을 받거나 자기 스스로 생각해도 자신이 갈 수 있는 최고의 경지에 달했다고 느낀다.

그리고 그 다음부터는 대부분 정상에서 내리막길을 걷는다. 직장에서 은퇴하거나 능력 있는 후배들에게 밀리거나 다음 세대에게 전문가의 자리를 물려줄 수밖에 없는 처지에 몰리게 된다. 그리고 그 이후로 다시 정상을 밟는 것은 하늘의 별 따기다.

대부분의 사람들에게는 자기 인생의 정상에 한 번쯤 서 보고는 그 다음은 계속해서 내리막길인 것이 보통이다. 정상 다음에는 깊은 계곡이거나 낭떠러지같이 험한 곳을 밟는 경우도 허다하다. 이것이 여태까지 우리가 걸어온 외봉우리형 인생 행로였다.

그런데 시대는 완전히 변하고 있다. 100세 시대를 맞아 90세 넘어서까지 일하는 사람들이 늘어나고 있다. 20~30년 일하면 은퇴하던 시대에서 50년, 60년 동안 일하는 사람들이 생기고 있다.

20~30년 일하던 시절에는 인생의 정점이 하나인 것이 보통이고 정상이다. 그러나 이제 나 자신이 50년이나 60년 일한다고 한 번 생각해 보자. 나의 인생에서 새로운 정점이 몇 개 더 생길 가능성이 얼마든지 있을 것 같지 않은가?

그렇다. 100세까지 일하는 지금의 시대는 더 이상 외봉우리형 인생이 아니다. 인생의 정상이 몇 번이고 새롭게 만들어질 수 있는 다봉우리형 인생으로 바뀌었다. 우리 인생이 훨씬 더 길어졌기 때문에 가능한 새로운 현상이다. 우리 인생에서 새로운 가능성이 그만큼 더 늘어났다는 분명한 증거다.

자, 인생 후반전을 본격적으로 시작하기 전에 우리들 머릿속에 우리 인생의 이미지를 좀 더 명확하게 그려두자. 외봉우리형 인생이 아니라 다봉우리형 인생 이미지를 머리와 가슴에 새기자. 그리고는 도전하고 또 도전하자. 내 인생의 새로운 봉우리들을 만들고, 또 만들기 위하여.

인생 모자이크

인생은 단 한 번뿐이지만 인생은 커다란 모자이크 작품이다

　흔히들 인생은 단 한 번뿐이라고 한다. 그렇다. 한 사람당 단 하나씩만 주어지는 인생이다. 그 어느 누구도 2개의 인생이 주어질 수는 없다. 그런 점에서 인생은 모든 사람에게 대단히 공평하다.

　인생이 단 한 번뿐이라는 말 속에는 한 번 지나가버리면 다시는

돌아올 수 없는 것이 인생이라는 의미도 내포되어 있다. 인생의 순간순간이 소중하다는 말이다.

그러나 인생은 단 한 번뿐이라는 말 때문에 인생을 너무 조심스럽게 살아서도 안 된다. 지나치게 조심스럽게 살다 보면 자신감과 용기가 부족해지거나 시도하고 도전하는 적극성이 떨어질 수 있기 때문이다.

우리 인생을 자세히 관찰해 보면, 단 하나뿐인 작품이면서도 수없이 많은 모자이크로 구성된 예술작품이다. 내 인생이라는 하나의 작품 속에는 다시 수없이 많은 작은 작품들이 모듈을 구성하고 있다. 이들 작은 작품들이 모여서 나의 인생이라는 커다란 모자이크 예술작품이 완성되는 것이다.

유아에서 초등학교, 중학교, 고등학교를 거쳐 대학에 입학한다. 대학을 다니며 알바를 하기도 하고 해외 배낭여행을 다니기도 한다. 대학을 졸업하고 첫 직장을 구한다. 결혼을 한다. 자녀를 낳고 직장에 다니면서 대학원에 진학하기도 한다. 새로운 취미생활을 시작하기도 하고 다른 직장으로 이직하기도 한다. 자칫 잘못하면 질병에 걸리기도 한다. 부서를 옮기기도 하고 승진을 하기도 한다. 그러다가 어느덧 정년에 이른다. 퇴직 후에 다시 직업교육을 받고 새로운 직장에 취직하기도 한다. 틈나는 대로 사회봉사 활동도 하기 시작한다. 또 다른 직장으로 이직한다….

이렇게 인생이 단품이 아닌 모자이크 작품이라는 사실은 우리에게 여러 가지를 시사한다. 특히, 인생을 살아가면서 한두 번 실패했다고 해서 결코 우리 인생이 끝나지 않음을 말해 준다. 왜냐하면, 한두 개의 모듈이 잘못되었다 하더라도 우리에겐 아직 수없이 많은 아름다운 모자이크 모듈을 만들어갈 수 있는 가능성이 여전히 남아있기 때문이다.

인생은 커다란 모자이크 예술작품이다. 온 정성을 다해 나의 인생을 구성하는 모자이크의 모듈 하나하나를 만들자. 간혹 실패한 느낌이 들더라도 전혀 개의치 말자. 실패한 것은 실패한 대로 아름다운 전체 모자이크 작품 속에서 얼마든지 조화를 이룬 모듈이 될 수 있다. 성공과 실패 여부에 상관하지 말고 나만의 인생 모자이크 예술작품을 한 부분 한 부분 착실하게 만들어 나가자.

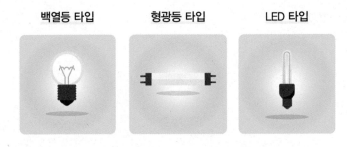

백열등 타입　　　　형광등 타입　　　　LED 타입

인생 후반전을 사는 3가지 유형

백열등 타입에서 LED타입으로의 변신

에디슨이 발명한 전구 덕분에 인류는 어두운 밤의 시간을 정복할 수 있게 되었다. 전구 덕분에 밤에도 대낮처럼 환한 환경에서 생활할 수 있게 되었다. 정말 감사한 일이다.

기술의 발전으로 전구도 진화에 진화를 거듭해왔다. 백열등에

이어 형광등이 나오고, 형광등에 이어 다시 LED가 등장하게 되었다. 백열등이나 형광등에 비해 LED는 수명이 아주 길다. 백열등과 형광등이 수천 시간이라면 LED는 수만 시간도 더 견딘다. 밝기도 훨씬 밝다.

어쩌면 직업을 선택하고 일을 하는 것도 전구의 진화와 비슷한 과정을 거치고 있는지도 모른다는 생각이 든다. 우리는 오랜 세월 동안 백열등과 비슷한 스타일로 직업생활을 해왔다고 할 수 있다. 젊었을 때 열심히 일하고 50대 정년 시점부터 일에서 완전히 은퇴해 버린다. 마치 밝게 비추고 있던 전구의 불빛이 어느 날 갑자기 꺼져 버리는 것과 비슷한 이미지다.

그러다가 조금씩 변화하고 있다. 정년 이후에도 몇 년 더 새로운 직장과 직업을 찾아 일을 하는 사람들이 점점 더 늘어나고 있다. 교장선생님으로 정년퇴임한 분이 아파트 경비원을 하거나, 기업에서 은퇴한 퇴직자들이 택배나 편의점에서 일하는 경우가 이젠 아주 흔하다. 불빛으로 따지면 형광등에 가깝다.

그러나 앞으로는 이런 정도로는 어림도 없다. 정년 후, 몇 년 만 일하고 끝날 일이 아니기 때문이다. 50대에 정년을 맞이하고도 또 새로운 50년간을 일을 하지 않으면 안 되는 100세 현역의 시대로 들어가고 있기 때문이다. 아니, 100세 현역의 시대가 이미 우리 곁에 왔는데 우리가 애써 외면하고 있다고 하는 것이 맞을 듯싶다.

『프리 에이전트의 시대』의 저자 대니얼 핑크는 사람들이 언제까지 일하게 되는가에 관한 시대변화를 한마디로 표현하고 있다.

19세기에 사람들은 쓰러질 때까지 일했다. 20세기에 사람들은 은퇴할 때까지 일했다. 21세기에 사람들은 새로운, 그러나 아직은 이름이 붙여지지 않은 인생의 단계에 접어들 때까지 일할 것이다.

물론 100세가 되었는데도 젊었을 때처럼 하루 8~9시간씩 일해야 한다는 얘기는 아니다. 100살 전후가 되면 하루에 한두 시간, 혹은 일주일에 몇 시간만 일해도 충분하다. 나이 들어서는 일하는 시간이 중요한 것이 아니라 일한다는 그 자체가 중요한 것이다.

결론은 명백하고 단순하다. 평균 수명 100세 시대에는 가능하다면 100세까지 현역으로 일하는 것이 바람직하다. 그렇지 않으면 새롭게 생긴 이 긴 시간을 주체할 수 없고, 최소한 100세까지 살아가야 하는 자기 자신을 부양할 수도 없다.

그렇다면 어떻게 일해야 하는가? 백열등이나 형광등처럼 일하는 것이 아니라 LED처럼 일할 수 있어야 한다. 백열등처럼 갑자기 꺼져도 곤란하고, 형광등처럼 어느 틈엔가 깜빡깜빡하면서 맛이 가도 곤란하다. 건강하고 밝은 모습으로 100세까지 행복하게 일하자. LED타입으로 일하자. 백열등이나 형광등이 아니라 LED처럼 길고 밝게 일하자.

09 인생 후반전 최고의 이미지는?

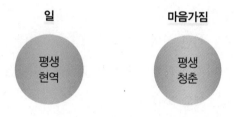

일   마음가짐

평생
현역   평생
청춘

일하는 인생 후반전의 마음가짐

인생 후반전의 이미지 멘탈 트레이닝

골프, 야구, 농구 등 분야를 막론하고 최고에 오른 스포츠 선수
들의 공통된 특징 중의 하나는 끊임없이 이미지 트레이닝을 하고
있다는 점이다.

이미지 트레이닝의 효과는 우리가 생각하는 것보다 훨씬 크고
강력하다. 이라크 전쟁에 참여한 한 미군 병사는 이라크에 주둔하

면서 2년간 단 한 번도 골프를 친 적이 없었다. 그런데 이라크에서 귀국한 직후 참가한 PGA 골프대회에서 우승의 영광을 차지했다. 바로 이미지 트레이닝 덕분이었다고 한다. 하루도 빠짐없이 머릿속에서 자신이 실제 플레이하는 것처럼 이미지 트레이닝을 해온 덕분이라고 한다.

이미지 트레이닝을 하는 기본 원칙은 생각보다 심플하다. 정신을 집중하고 머릿속에서 최고의 상태에 있는 자신을 상상하거나 최고의 플레이를 하는 자신의 모습을 시뮬레이션하는 것이다.

인생 후반전도 이미지 트레이닝이 필요하다. 충실하고 지속적인 이미지 트레이닝은 우리들의 인생 후반전을 훨씬 풍요롭고 자신감 있게 만들어 줄 수 있다.

인생 후반전을 위한 이미지 트레이닝을 위해서는 우선 인생 후반전 최고의 이미지를 확립할 필요가 있다. 그렇다면 인생 후반전 최고의 이미지는 어떤 모습일까?

평생현역과 평생청춘. 인생 후반전 최고의 이미지로 두 개를 꼽으라고 하면 이 두 가지가 아닐까 싶다. 자신의 건강이 받쳐주는 한, 평생토록 일을 한다. 그리고 나이는 들어가지만 마음은 평생청춘이다. 평생현역과 평생청춘. 이 두 개의 키워드를 인생 후반전의 이미지로 내 가슴속에 깊이 간직하고 매일매일 끊임없이 이미지 트레이닝, 멘탈 트레이닝을 하자. 그러면 우리 자신의 인생 후반전은 실제로도 평생현역, 평생청춘일 가능성이 점점 더 커질 것이라 믿는다.

평생현역 평생청춘. 우리 자신에게 항상 이렇게 최면을 걸자!

일	여가	일	여가	일	여가

중 · 장년기
(30~50대)

노년기 초반
(60~80대)

노년기 후반
(90~100대)

인생 시기에 따른 일과 여가활동의 비율

인생 후반기의 2가지 핵심활동

사람은 살아 있는 동안 다양한 활동을 하면서 살아간다. 생명이
있는 한 활동을 하는 것은 어쩌면 지극히 당연한 일인지도 모른
다. 그렇게 수많은 활동을 하면서도 그 활동에 우선순위를 매기고
살아야 한다. 시간과 자원이 제한되어 있으므로 가능하면 가치 있

는 활동에 집중하는 것이 바람직하기 때문이다.

그렇다면 여기서 질문을 한번 던져 보자. 인생 후반기에 들어선 사람에게 있어 가장 중요한 활동을 2개만 꼽으라고 하면 무엇일까? 여러 가지 답이 나올 수 있지만, 필자는 일과 여가활동으로 압축하고 싶다.

인생 후반기의 2가지 핵심활동

아무리 나이가 들어도 자신이 원하는 일을 계속 하는 것이 중요하다. 기본적으로는 생계를 유지하고 더 나아가서는 자아를 실현하기 위해서다. 100세 평생현역 시대를 맞아 일은 죽을 때까지 해야만 하는 우리의 의무다.

그러나 일만 하면서 살 수는 없다. 특히 인생 후반기에는 전반기에 비해 자기 스스로 관리 가능하고 활용할 수 있는 시간이 확 늘어난다. 따라서 일과 병행해서 자신의 신체건강과 정신건강, 취미, 인간관계, 사회공헌 등을 지향하는 다양한 여가활동을 하는 것이 필수적이다. 그런 점에서 인생 후반기의 2가지 핵심활동을 들라고 하면, 자아실현으로써의 일과 즐거움으로써의 여가활동을 꼽을 수 있다.

일과 여가활동의 바람직한 비중 변화

인생 후반기의 2가지 핵심활동은 일과 여가활동이다. 그런데 중요한 사실은 인생의 단계에 따라서 일과 여가활동 간의 비중은 자연스럽게 변하게 되고 또 변해야 한다는 사실이다.

30~50대의 젊은 시절은 한참 일할 나이다. 현실적으로 여가활동을 충분히 즐길 시간적 여유가 상대적으로 부족하다. 자신을 둘러싼 다양한 환경들도 여가활동보다는 일에 더 집중하게 만든다. 따라서 중·장년 시절에는 일의 비중이 여가활동에 비해 상대적으로 훨씬 높다.

그런데 인생 후반기에 접어들면서 일과 여가활동 간의 비중 변화가 자연스럽게 일어나게 된다. 60대가 되면 자신이 통제할 수 있는 자유시간이 훨씬 더 늘어난다. 일을 해야 한다는 사실은 변치 않지만, 늘어난 자유시간을 제대로 잘 활용하기 위해서는 여가활동의 비중을 상대적으로 늘리는 것이 바람직하다.

그리고 노년기 후반이 되면 여가활동의 비중은 더욱 늘어나게 된다. 건강을 위해서도 인생 후반부로 갈수록 일하는 시간의 비중을 조금씩 줄여나가는 것이 바람직하다. 몸이 예전 같지 않기 때문이다. 따라서 의무로써의 일의 비중을 조금씩 줄이고, 즐거움으로써의 다양한 여가활동과 봉사활동을 조금씩 더 늘려가는 것이 노년기 후반의 바람직한 모습이다.

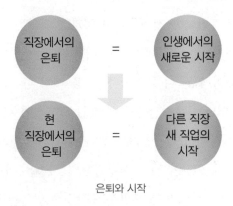

은퇴와 시작

100세 시대의 도래와 퇴직의 의미 변화

필자가 어릴 적만 해도 직장에 다니다 정년퇴직한다는 것은 일에서 완전히 물러난다는 것을 의미했다. 퇴직은 곧 은퇴를 의미했고, 은퇴는 곧 직장과 직업으로부터의 완전한 졸업을 의미했다.

젊은이도 노인도 똑같이 그것이 당연하다고 생각했다. 퇴직하고 다시 일을 한다는 것은 꿈도 꾸지 않았다.

퇴직이 일로부터의 완전한 은퇴를 의미하는 것은 평균 수명 60세 전후의 시대에서는 합리적이었다. 60세를 전후로 은퇴하고, 10여 년쯤 여생을 즐기다가 죽음을 맞이하던 시대에는 딱 들어맞았다.

그런데 지금은 어떤가? 100세 시대다. 60세에 정년이 되어 퇴직한다 해도 40년이란 긴 세월이 고스란히 남는다. 이런 시대에 퇴직했다고 일에서 완전히 물러날 수 있을까? 불가능한 일이다. 40년, 50년을 놀고먹을 수 있는 사람은 극히 일부를 제외하고는 없다.

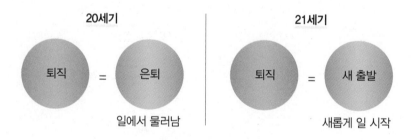

20세기와 21세기 퇴직의 의미

그럼 평균 수명 100세 시대에 퇴직의 진정한 의미는 뭘까? 퇴직 이후의 바람직한 삶의 방식은 뭘까? 대답을 말하지 않아도 이미 대부분의 사람들은 알고 있고 공감하고 있다. 퇴직은 더 이상 끝을 의미하지 않는다. 현재 다니는 직장에서의 끝일 수는 있지만 일의 끝은 아니다. 오히려 새 출발이다.

우리는 이제 100세 시대를 살아가면서 한 가지 일만 하기는 어렵다. 많은 미래학자들은 이제는 한 사람이 평생 동안 보통 10개 이상의 직업에 종사하게 될 것이라고 한다. 정말 그렇게 될 것 같다.

그런 관점에서 보면 현 직장에서의 퇴직은 현재까지 해왔던 일의 마무리에 불과하다. 퇴직은 앞으로 50년 가까운 긴 세월동안 내가 새롭게 해나가야 할 새로운 많은 일들의 시작점에 불과하다. 끝은 곧 시작이라고 했다. 퇴직이라는 말에도 꼭 들어맞는다. 퇴직이라는 끝은 곧 새로운 일의 시작을 의미한다.

Every exit is always an entrance to somewhere else.

모든 출구는 어디론가의 입구다.

12 은퇴준비 초점의 이동 : 재테크에서 일테크로

재테크에서 일테크로

재테크에서 일테크로

가장 중요한 노후준비는 무엇일까?

여태까지는 노후준비라고 하면 일반적으로 노후자금 마련을 의미하는 것으로 통용되었다. 노후가 몇 년이고, 연간 얼마가 필요하니까 총 얼마만큼의 노후자금이 필요하다는 식의 얘기가 오랫동안 노후준비의 주류를 이루어왔다.

그러다 최근 들어서야 노후준비가 노후자금의 준비만을 의미하는 것이 아니라는 의견이 표를 얻고 있다. 금전적인 준비도 중요하지만 건강, 가족, 관계, 취미 같은 비금전적인 준비도 그에 못지 않게 중요하다는 얘기다. 맞는 말이다.

그런데 위에서 예를 든 모든 노후준비보다 더 중요한 노후준비가 있다. 바로 평생토록 자신이 할 일을 준비하는 일이다. 필자는 이를 기존의 재테크에 대비해서 일테크라고 명명하고 싶다.

이제는 은퇴준비, 노후준비의 초점이 재테크에서 일테크로 옮겨져야 한다. 이유는 간단하다. 수명이 너무나도 길어져서 기존에 해왔던 재테크로는 기나긴 인생 후반부를 제대로 지탱하기에 역부족이기 때문이다. 10~20년 먹고살 재테크는 가능할지 모르지만 50~60년이나 남은 인생 후반부를 책임질 수 있는 재테크는 거의 불가능에 가깝기 때문이다.

그렇다면 어떻게 해야 하는가? 재테크가 아니라 일테크를 하면 된다. 평생현역으로 일할 준비를 하고 평생현역으로 일할 수 있으면 된다. 그러면 인생 후반부가 50년, 60년 남아도 자기 스스로 지탱해낼 수 있다. 그래서 평균 수명 100세 시대, 장수 수명 120세 시대에 은퇴준비와 인생 후반부 준비는 재테크가 아니라 일테크여야 한다.

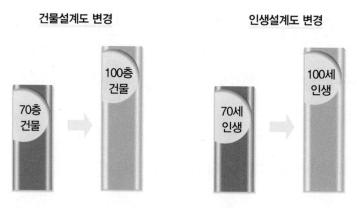

건물설계도 변경

인생설계도 변경

건물 설계도와 인생 설계도를 변경하기

70세 인생 설계도에서 100세 인생 설계도로

건물의 설계도를 한번 떠올려 보자. 10층짜리 건물을 지어서 사용하고 있다가 20층짜리 건물로 증축한다고 한번 생각해 보자.

그 작업이 얼마나 어려울지 쉽게 상상이 간다. 70층짜리 건물을 세워서 쓰고 있다가 갑자기 그 건물을 100층으로 바꾸려고 할 때도 마찬가지다. 얼마나 어려울지 쉽게 짐작이 간다.

우리 인생은 어떨까? 대부분의 사람들이 70세, 80세의 인생 설계도를 가지고 자신의 인생을 사용해왔다. 그러다 갑자기 100세 인생이 펼쳐지게 되었다. 이제는 자신의 인생 설계도를 100세 인생 설계도로 완전히 바꾸어야 한다.

어쩌면 70층 건물 설계도를 100층 건물 설계도로 바꾸는 것 이상으로 어려울 수 있다. 그렇지만 바꾸어야 한다. 70세 인생 설계도를 100세 인생 설계도로 교체하자. 100세 인생 설계도를 새롭게 그리고, 새 설계도에 맞추어 100세 인생을 살아나가자. 설계도의 변경은 재앙일지 기회일지 의구심이 드는가? 기회라고 믿고 바꾸자. 30년의 기회가 새로 생겼다고 믿고 바꾸자.

3칸짜리 집에 방이 3칸 더 들어선다고 상상해보자

70층 건물과 100층짜리 건물로 70세 인생과 100세 인생을 설명하니까 잘 와 닿지 않을지 모른다. 그렇다면 예를 조금 바꾸어 보자.

만일 내가 50평 정도 크기의 단독 주택을 소유하고 있었다고 가정해 보자. 그런데 갑자기 행운이 다가와서 나의 집이 100평 크기로 늘어났다면 기분이 어떨까? 50평 집이 100평으로 늘어나는 그 자체가 우선 너무도 기쁜 일일 것이다. 인생의 길이가 100세로 늘어나는 것은, 실은 집의 크기가 늘어나는 것보다 훨씬 더 기쁘고 즐거운 일이다. 우리가 못 느끼고 인정하지 않을 뿐이다.

나의 집이 50평에서 100평으로 늘어났다. 이제 나는 두 배로 커진 새로운 나의 집에서 이전보다 훨씬 더 행복하고 멋지게 살아갈 수 있다. 방을 세 칸 더 넣을 수도 있고, 커다랗고 멋진 서재를 추가할 수도 있다. 방은 그대로 두고, 50평 크기의 아름다운 정원을 만들 수도 있다. 두 배로 커진 새 집의 새로운 모습은 내가 마음먹은 대로 설계하기에 달렸다. 두 배로 새롭게 늘어난 우리들의 인생 후반전도 이 새 집과 꼭 마찬가지다.

늘어난 우리 인생을 결코 재앙으로 받아들일 것이 아니다. 늘어난 새로운 인생 후반전은 무한한 가능성과 잠재력을 가진, 완전히 새로운 신천지다. 믿음과 자신감을 갖고, 한없이 기쁜 마음으로 생겨난 50년 인생 후반전을 새롭게 설계해 보자.

자기 찾기

: 100세 시대의
새로운 자기발견

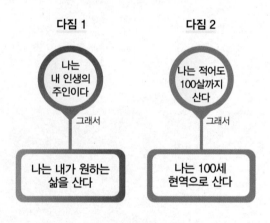

100세 인생 주인의 시

100세 인생의 주인이 다짐해야 할 두 가지

인생 후반전의 준비는 믿는 것에서부터 시작한다고 했다. 내가
적어도 100세까지 살 것이라는 믿음에서부터 인생 후반전의 본격

적인 준비가 시작된다. 그런데 믿음만으로는 뭔가 2퍼센트 부족하다는 생각이 든다. 믿음을 넘어 다짐이 필요하다. 최소한 100세를 산다는 믿음에 기초하여, 자기 자신에게 아래 2가지의 다짐을 하는 것이 필요하다.

다짐 1: 나는 내 인생의 주인이다. 그래서 나는 내가 원하는 삶을 산다.
다짐 2: 나는 적어도 100살까지 산다. 그래서 나는 100세 현역으로 산다.

자기 자신에게 하는 이 두 개의 다짐을 매일 아침 일어나자마자 주문처럼 외우자. 매일 밤 잠자기 전에도 기도문처럼 외우자. 생활하는 틈틈이 좋아하는 시처럼 외우자. 하루에도 여러 번 밥 먹듯이 외우자.

나는 내 인생의 주인이다. 그래서 나는 내가 원하는 삶을 산다. 나는 적어도 100살까지 산다. 그래서 나는 100세 현역으로 산다. 틈만 나면 외우고 또 외우자. 특히 인생 후반전 준비를 본격적으로 하는 몇 년간은 정성을 다해서 외우고 또 외우자. 그러면 그렇게 외운 다짐이 자신에게 현실로 다가올 것이다.

그러나 지레 겁을 먹지는 말자. 100세까지 일을 한다고 해서 하루에 8시간씩 꼬박꼬박 일한다는 뜻은 결코 아니다. 70세, 80세, 90세로 갈수록 일하는 시간은 아마도 하루 8시간에서 5시간, 3시간, 1시간 등으로 줄어들게 될 것이다. 아니면 일주일에 하루나 이틀 정도로 해서 주 4~5시간 정도 일하는 경우도 있을 것이다.

하여튼 자신의 건강과 상황을 고려해서 자기에게 가장 적절한 시간을 일하면 된다. 일하는 시간이 중요한 것은 아니다. 80세, 90세 나이가 들어서도 자신이 원하는 어떤 일을 계속 하는 것이 중요하다.

내 인생의 주인으로서 내가 원하는 삶을 살고, 적어도 100살까지 살면서 내가 좋아하고 잘하는 일을 하는 나의 모습을 상상해 보자. 얼마나 행복한 삶일까?

02 인생 후반전 준비,
노트부터 준비하자

인생 후반전을 위한 노트들

노트가 필요한 이유

기억을 한번 떠올려 보자. 가장 최근에 내 자녀를 위해서가 아니라 나 자신을 위해서 문방구에서 노트를 구입한 것이 언제였을까? 1년 이내에 자신을 위해 노트를 사 본 기억이 있는가? 만일 있다면 대단한 사람이다. 적어도 필자의 견지에서는. 아니면, 혹시 최근 10년간 자신을 위해 문방구에서 노트를 사 본 기억이 한 번도 없는가? 그렇다면 보통사람이다. 그리고 지금부터는 필자의 제안을 잘 들어 보면 좋겠다.

인생 후반전의 준비는 믿기에서부터 시작된다고 했다. 자신이 적어도 100살을 넘어 살 것이라는 사실에 대한 굳건한 믿음. 그 믿음으로부터 인생 후반전의 진정한 준비가 시작된다.

자, 그러면 믿음의 바로 다음 단계는 무엇일까? 아주 쉽고도 단순한 행동이다. 돈을 2~3만원 들고 문방구로 바로 달려가는 것이다. 그리고 마음에 드는 노트를 10권쯤 사는 것이다. 적어도 100살을 산다는 것에 대한 믿음의 기념으로, 그리고 100세 시대에 평생현역을 준비하는 기념으로 마음에 드는 노트 10권을 사는 것이다. 이른바 '100세 시대 평생현역 준비노트'다.

노트의 제목은 내가 원하는 대로 마음 가는 대로 붙이자. 100세 시대 평생현역 준비노트 1권, 2권…으로 할 수도 있고, 100살까지 일하자: 자신 알기 노트, 독서 노트, 역량개발 노트, 천직 찾기 노트…로 이름을 붙일 수도 있다. 무슨 이름을 붙이든 자유다. 중요한 것은 인생 후반전의 준비작업을 하나하나 노트에 기록으로 남기면서 차근차근 쌓아나간다는 점이다. 인생 후반전 준비노트는 가능하면 목적과 영역을 구분해서 몇 권을 별도로 준비하는 것이 좋다. 그래서 노트를 살 때 아예 10권 정도를 한꺼번에 사버리라고 제안하는 것이다.

100세 시대 평생현역 준비노트가 반드시 갖추어야 될 영역은 아래와 같은 것들이 있다.

먼저 **'자신 알기 노트'**다. 자신 알기 노트에는 철저히 자기 자신을 알고 이해하는 것과 관련된 사항들을 기록하는 노트다. 자신의 인생 전반전의 역사를 기록할 수도 있고, 자신의 장점과 단점, 좋은 습관과 나쁜 습관, 자신의 핵심역량과 자신만의 노하우, 자신의 모습에 대한 다른 사람들의 코멘트나 평가, 자신을 칭찬할 만한 뿌듯한 에피소드들⋯. 뭐든 좋다. 자기 자신을 좀 더 잘 이해할 수 있는 모든 것들을 적어 보는 노트다.

두 번째 꼭 필요한 준비노트는 **'천직 찾기 노트'**다. 자신이 좋아하고 자신이 잘할 수 있는 일과 관련된 것은 무엇이든지 기록해 보는 노트다. 자신의 취미, 특기, 좋아하는 일, 흥미로워하는 책이나 영화, 관심분야, 자신이 잘할 수 있는 일, 남에게 칭찬받거나 인정받는 경우, 왠지 자신에게 어울릴 것 같은 직업, 자신에게 어울릴 것 같다고 남들이 추천해 주는 직업⋯. 뭐든 좋다. 자신의 천직을 찾는 작업과 조금이라도 관계가 된다고 느끼는 것들은 죄다 기록해 보고 적어 보는 노트다.

세 번째로 필요한 인생 후반전 준비노트는 **'역량개발 노트'** 또는 **'배움 노트'**다. 독서 노트와 하나로 만들 수도 있고, 독서 노트와 분리해서 준비할 수도 있다. 자신이 가진 현재의 핵심역량 파악, 앞으로 길러야 할 역량의 식별, 역량개발 방법의 탐색, 새로운 배움에 대한 계획 수립, 새로운 좋은 습관 만들기에 대한 계획수립과 실천 모니터링, 사람들을 만나면서 듣고 배운 유용한 지식들의 기록⋯. 뭐든지 좋다. 인생 후반전을 준비하기 위한 역량개발과 배움에 관련된 것이면 무엇이든지 착실하게 기록해나가는 것이 중요하다.

추가로 자신만의 또 다른 인생 후반전 준비노트를 적절한 제목을 붙여 준비하고 차근차근 채워나가자. 자신의 인생 후반전을 준비하는 특별한 고등학교에 스스로 진학했다는 기분으로, 적어도 2~3년간은 인생 후반전 준비노트를 착실히 기록해나가자. 기록하면서 보고 또 보자. 읽고 또 읽자. 그러면 그 준비노트들은 자신만의 멋진 인생 후반전을 만들어주는 최고의 길잡이이자 보물지도가 될 것이다.

퇴직 전과 퇴직 후의
나의 시장가격

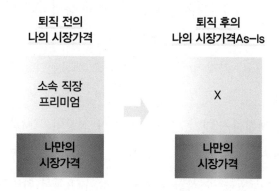

퇴직 전후 나의 시장가격

나만의 시장가격을 냉정하게 계산해 보자

시장, 편의점, 백화점에서 파는 모든 상품에는 시장가격이 사전에 매겨져 있다. 소비자는 가격을 보고 구매하기만 하면 된다. 상품에 매겨져 있는 가격은 판매자와 소비자 간에 암묵적으로 합의

된 합리적인 시장가격이라고 할 수 있다.

서비스산업계에서 제공하는 모든 서비스도 마찬가지다. 변호사의 시간당 서비스료, 의사의 진료비, 택배 배달원의 택배비에 이르기까지 시장에서 거래되는 거의 모든 서비스에 있어서도 서비스 제공자와 수혜자 간에 사전에 합의된 시장가격이 있다. 이렇게 상품과 서비스의 시장가격은 사전에 명확히 정해져 있는 것이 보통이다. 그에 비해 나 자신의 시장가격은 어떤지 한번 생각해 보자.

나의 시장가격은 얼마나 될까? 자기 자신에게 이 질문을 해 본 적이 있는가? 직장에 다니는 사람을 한번 생각해 보자. 일반적으로 그 사람의 시장가격은 그 사람의 급여와 동일하다고 가정할 수 있다. 왜냐하면 회사라는 시장 안에서 그 회사가 그 직원의 시장가격을 매기고, 그것이 급여라는 형태로 제공된다고 볼 수 있기 때문이다.

그러나 냉정하게 다시 평가해 보면 한 직장인의 시장가격이 그의 급여와 같다고는 할 수 없다. 예를 들어, 한 직장에서 똑같은 급여를 받고 있는 두 사람이 서로 역량이 현격히 차이가 난다고 한번 가정해 보자. 이 두 사람이 다른 직장으로 옮기거나 새로운 직업시장에 나갔을 때, 두 사람의 새로운 시장가격은 서로 현격하게 차이가 날 가능성이 크다.

이것은 무엇을 말해 주는가? 자신이 현재 받고 있는 급여가 곧 자신의 합리적인 시장가격이라고 생각하면 큰 오산이라는 얘기다. 특히, 인생 후반전에 들어간 사람이 현재 다니고 있는 직장은 이미 20년, 30년 전에 들어온 직장이다. 그렇다면 현재 자신이 받고 있는 급여 또는 시장가격은 자신의 직장과의 계약을 통해 20년 전, 30년 전에 형성된 구닥다리 시장가격인지도 모른다.

이러한 사실은 자신이 직장에서 은퇴를 해 보면 확실하게 느낄 수 있다. 은퇴를 한 후에 직장이 없는 상태에서 자신의 시장가격이 얼마나 될지를 계산한다고 한번 상상해 보자.

은퇴 직후 나 자신의 시장가격은 얼마나 될까? 이 질문은 매우 중요한 질문이다. 왜냐하면 은퇴 후에 매겨지는 나의 시장가격은 이전에 내가 소속되어 있던 직장이라는 조직브랜드가 주는 프리미엄을 빼고, 순수하게 나 자신만의 시장가격을 매겨야 하기 때문이다.

은퇴 직후에 자신의 시장가격이 높다고 느끼는 사람은 극소수에 불과하다. 왜냐하면 자신만의 개인브랜드, 또는 자신만의 차별화된 역량을 분명하게 가지고 있는 경우라야 높은 시장가격을 매기는 것이 가능하기 때문이다.

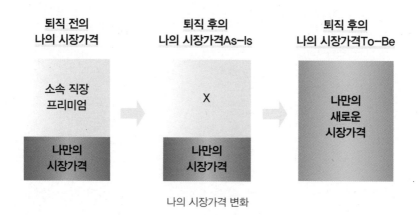

나의 시장가격 변화

그럼에도 불구하고 우리는 냉정하게 이 질문을 자신에게 던질 필요가 있다. 은퇴 직후 나 자신의 시장가격이 얼마나 될지 스스로에게 객관적으로 묻고 답해 보아야 한다. 그래야만 은퇴 후 자신의 시장가격을 높이기 위한 새로운 목표를 세우고, 실천전략을 수립하는 계기를 만들 수 있기 때문이다.

04 인생 후반전을 위한 준비물 3종 세트

인생 후반전을 위한 준비물 3종 세트

인생 후반전을 위한 준비물의 중요성

뭔가 중요한 것을 시작할 때는 준비물부터 제대로 챙기는 것이 중요하다. 어릴 적 기억을 한번 떠올려 보자. 누구나 한두 번쯤은 초등학교 때 미술시간, 음악시간, 체육시간에 필요한 준비물을 제대로 챙겨가지 못해 낭패를 본 적이 있을 듯싶다. 국내출장, 해외

여행을 가는데 준비물을 제대로 챙기지 못해 혼난 기억을 가진 분들도 간혹 있으리라. 필자는 꽤 많다. 그래서 준비물의 중요성을 누구보다도 절실히 느끼고 있다.

인생 후반전을 위해서도 마찬가지다. 인생 후반전을 제대로 지내기 위한 준비물을 확인하고 준비하는 작업은 정말 어마어마하게 중요하다. 이유는 아주 단순하다. 미술시간이나 체육시간, 국내출장이나 해외출장에 비해 어마어마하게 긴 시간이기 때문이다. 한두 시간밖에 안되는 미술시간, 며칠정도 다녀오는 국내외출장의 경우에는 준비물이 다소 부족해도 어떻게든 해결할 수 있다. 그러나 인생 후반전은 적어도 50년이다. 인생 후반전이 시작되기 전에 준비물을 제대로 챙기고 안 챙기고는 하늘과 땅 차이다.

인생 후반전? 준비물부터 알자!

50년이나 되는 기나긴 인생 후반전이지만, 인생 후반전을 제대로 준비하기 위해 핵심적으로 필요한 준비물은 생각보다 간단하다. 더욱 더 좋은 것은 돈이 드는 준비물이 하나도 없다는 것이다. 같이 한 번 살펴보자.

첫 번째 준비물은 '마음가짐'이다. 눈에는 보이지 않는 준비물이지만, 50년 인생 후반전을 위해 가장 중요한 준비물이다. 어떤 마음가짐을 준비해야 할까? 크게 3가지 마음가짐을 들 수 있다. 긍정마인드, 자신감, 두려움을 극복하는 용기가 바로 그것이다.

첫 번째 준비물, 마음가짐

　두 번째 준비물은 인생 후반전을 살아가는 데 꼭 필요한 '**기본
지식**'이다. 마음가짐은 아무런 지식이 필요 없이 자신의 정신력과
의지로만 가능한 준비물인데 반해, 기본지식은 학습과 배움을 통
해 인생 후반전을 성공적으로 살아가기 위해, 알아야만 하는 필수
지식이다.

　그렇다고 해서 수학이나 영어처럼 배우기 어려운 지식은 아니
다. 글을 읽을 줄 알고 공감할 준비만 되어 있으면 쉽게 알 수 있
는 아주 단순한 지식이다. 마음가짐과 마찬가지로 인생 후반전을
위한 기초지식도 크게 3가지가 필요하다. 세상의 변화와 흐름 알
기, 인생 후반전 자체에 관한 지식, 자기 자신 알기가 바로 그것
이다.

두 번째 준비물, 기본지식

첫 번째와 두 번째 준비물은 인생 후반전을 위해 필요한 정신적 준비물과 지적 준비물이다. 이에 비해 세 번째 준비물은 '**천직 찾기와 새로운 습관화**'라는 행동 준비물이다. 아무리 정신무장이 되어 있고 필요한 지식을 갖추고 있다 하더라도 행동이 수반되지 않으면 아무런 가치창출도, 변화도 생기지 않는다. 뭔가를 실천할 때 비로소 변화를 느끼게 된다.

그렇다면, 천직 찾기와 새로운 습관화라는 행동 준비물에는 어떤 것이 있을까? 바로 나의 천직 찾기, 새로운 좋은 습관 만들기, 새로운 배움 실천하기라는 3가지 행동이 필요하다.

세 번째 준비물. 천직 찾기와 새로운 습관화

인생 후반전 준비물 3종 세트의 순서를 매기면?

인생 후반전을 위한 준비물 3종 세트를 소개해 보았다. 준비하는 데 전혀 돈이 들지 않지만, 제대로 갖추기만 하면 천금만금의 가치가 있는 준비물이다.

인생 후반전을 위한 준비물 3종 세트가 정확히 무엇인지 기억이 잘 안 날 듯싶다. 다시 한번 복습해 보자. 마음가짐, 필수지식, 천직과 습관이다. 마음가짐 준비물 세트를 열어 보면 그 안에는 다시 긍정마인드, 자신감, 두려움을 극복하는 용기가 들어있다. 필수지식 준비물 세트에는 세상의 변화와 흐름 알기, 인생 후반전 자체에 관한 지식, 자기 자신 알기가 들어있다. 그리고 천직과 습관이라는 세트에는 나의 천직 찾기, 새로운 좋은 습관 만들기, 새로운 배움 실천하기라는 3가지 행동 준비물이 들어 있다.

그렇다면 이들 준비물 3종 세트 간에 순서를 매긴다면 어떻게 될까? 뭐니 뭐니 해도 제일 먼저 준비할 것은 마음가짐일 듯싶다. 그래야 다른 모든 것을 순조롭게 준비할 수 있다. 그리고 마음가짐의 기초 위에 행동을 하기 전에 기본적으로 꼭 필요한 필수지식을 준비해 둘 필요가 있다. 이렇게 마음가짐과 필수지식을 준비한 후에는 마음껏 실천하고 습관화하면서 인생 후반전을 준비하고 도전한다. 따라서 인생 후반전 준비물 3종 세트를 준비하는 순서는 마음가짐, 필수지식, 천직과 습관의 차례로 이루어지는 것이 좋을 듯싶다.

그런데 이렇게 인생 후반전을 준비하는 마음가짐 −〉 필수지식 −〉 천직과 습관의 순서는, 곧 자기사랑 −〉 자기발견 −〉 자기실현의 순서로 이루어지는 인생 후반전 자아실현 3단계 전략으로 치환이 가능하다. 다시 말해, 인생 후반전 준비물 3종 세트는 곧 인생 후반전 자아실현 3단계 전략의 다른 이름이다.

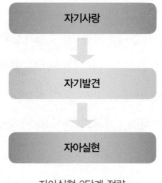

자아실현 3단계 전략

인생 후반전 자아실현 3단계 전략

  인생 후반전을 성공적으로 준비하고 바람직한 자아실현을 제대
로 하기 위해서는, 무엇보다도 먼저 자기사랑과 자기발견의 과정
을 거치는 것이 중요하다.

112

첫 번째는 **'자기사랑'**의 단계다. 자기를 사랑하는 마음가짐을 굳건하게 갖추어야 하는 단계다. 이 세상에서 가장 소중한 존재는 자기 자신이므로 언제나 자기 자신을 사랑해야 하겠지만, 인생 후반전에는 자신을 특히 더 사랑할 수 있어야 한다. 왜냐하면 인생 후반전으로 갈수록 일반적으로 더 외로워지고 더 어려워지기 때문이다. 이럴 때 자신을 가장 따뜻하게 사랑으로 보듬어 줄 수 있는 사람은 바로 다름 아닌 자기 자신이다. 긍정마인드를 통한 자기사랑이 필요하다. 자신감과 두려움을 극복하는 용기로 자기사랑의 에너지를 더해주자.

두 번째는 **'자기발견'**의 단계다. 준비물 3종 세트의 기본지식을 통해 자신의 정체성, 자신의 관심과 적성 및 역량, 자신의 비전과 존재의미를 발견하는 단계다. 그런데 자기발견을 위한 직전 단계로 두 가지 작업이 먼저 필요하다. 우선, 세상의 변화와 흐름에 대해 정확한 지식을 갖추어야 한다. 그리고 우리 모두에게 공통적으로 적용되는, 인생 길이의 변화와 인생 후반전의 특징에 대해서도 명확히 이해해야 한다. 이처럼 세상 흐름에 관한 지식과 인생 후반전에 관한 지식의 토대 위에서 다양한 방법과 시도를 통해 자기발견의 시간이 필요하다. 자기발견을 제대로 해야 제대로 된 자아실현이 가능하다.

세 번째는 **'자기실현'**의 단계다. 자아실현이라고도 한다. 매슬로우에 따르면, 인간의 가장 기본적인 욕구는 의식주 욕구이다. 이에 반해 인간의 가장 고차원적인 욕구는 자아실현 욕구이다. 자아실현 욕구는 인간 욕구의 궁극적인 지향점이라고 할 수 있다. 그렇다면, 자아실현 욕구는 무엇을 통해서 실현가능한가? 나의 천직 찾기를 통해서 가능하다. 그런 점에서 나의 천직 찾기는 자아실현을 위한 가장 중요한 수단이다. 한마디로 나의 천직 찾기는, 성공적이고 행복한 나의 인생 후반전을 만드는 가장 중요한 활동이다.

그런데 나의 천직을 찾으면 모든 것이 끝나는가? 아니다. 천직 찾기는 중요하지만 인생 후반전을 위한 출발점에 불과하다. 천직을 찾는 것도 중요하지만, 찾은 천직을 소중하게 키워나가는 것이 더 중요하다. 그러기 위해서는 새로운 습관과 새로운 배움이 필요하다. 내가 찾은 천직에 새로운 좋은 습관과 끊임없는 새로운 배움이 같이할 때 비로소 지속가능한 나의 천직으로서 자리 잡게 된다.

06 자기사랑은 자기발견과 자아실현의 시작이다

자기사랑을 실현하기 위한 네 가지 방법

자기 찾기의 시작은 자기사랑에서부터

자기 찾기란 무엇일까? 50년 이상이나 살아온 이 나이에 자기 찾기라는 생뚱맞은 질문을 나에게 던져야 할까? 지나치게 철학적이고 엉뚱한 질문이긴 하지만, 가벼운 마음으로 이 질문에 한번 답해 보자.

소크라테스는 '너 자신을 알라'고 했다. 자기 찾기의 다른 표현인 셈이다. 50년이나 되는 긴 세월을 살아왔기에, 실은 나 자신을 알 수 있는 나이도 되었다. 하지만 나의 인생 전반전을 정리해 보고 인생 후반전을 제대로 준비한다는 차원에서 이 문제에 대해 차근차근 한번 따져보도록 하자.

과연 어떻게 하면 나 자신을 알 수 있고, 어떻게 하면 나 자신을 찾을 수 있을까? 필자는 앞에서 자기 찾기를 위한 3단계 모델을 제시하였다. 자기 찾기는 자기사랑, 자기발견, 자기실현의 3단계 활동을 통해 완성되는 것으로 보았다.

자기 찾기를 위해서는 무엇보다도 먼저 자기사랑이 필요하다. 자기존재에 대한 사랑이 있어야 자기발견도 자아실현도 가능하기 때문이다.

그렇다면 자기사랑은 어떻게 하는 걸까? 수없이 많은 방법이 가능하겠지만, 필자는 자기사랑의 핵심요소를 4가지로 보았다. 자기믿음, 자기존중, 자기수용, 자기긍정이 바로 그것이다.

자기사랑의 첫 번째는 **'자기믿음'**이다. 특히, 자기존재의 유일성에 대한 믿음이다. 자기 자신이라는 존재는 이 세상에서 단 하나뿐인 유일한 존재다. 그 무엇과도 바꿀 수 없는 귀중한 존재다. 이렇게 자기존재 자체에 대한 무조건적인 믿음이 있어야 자기사랑이 가능하다. 또한, 자기믿음은 자기 인생의 주인이자 주인공이 다름 아닌 자기 자신이라는 믿음이다. 자기 인생에 대해 모든 권

한과 책임을 가진 사람은 바로 자기 자신이라는 믿음이다.

자, 이제 직감적으로 점수를 한번 매겨 보자. 자기사랑의 제1평가기준인 자기믿음이란 관점에서, 나 자신에게 줄 수 있는 점수는 몇 점일까?

자기사랑의 두 번째 요소는 **'자기존중'**이다. 자신의 존재 가치를 스스로 높이 평가하는 것이다. 자신을 결코 비하하지 않고, 언제나 스스로를 존중하고 소중하게 여기는 마음이다. 자기존중의 다른 말은 자존감이다. 자기 스스로를 존중하고 높이는 마음이다. 물론 자존심과는 전혀 다르다. 자존감이 있어야 자기생존, 자기존중, 자기사랑이 가능하다. 그런 점에서 자존감은 자기존재, 자기사랑의 기초 중의 기초다. 모든 사람은 각자 자신의 인생이 있다. 따라서 자기존중의 책임도 각자에게 있다. 내가 나 자신을 존중하지도 않으면서 다른 사람이 나를 존중하기를 바랄 수는 없다.

자기존중에 관해서도 점수를 한번 매겨 보자. 자기사랑의 제2평가기준인 자기존중이란 관점에서 나 자신에게 줄 수 있는 점수는 몇 점일까?

자기사랑의 세 번째 요소는 **'자기수용'**이다. 자신의 모든 모습을 있는 그대로 받아들이는 것이다. 잘생겼든 못생겼든, 키가 크든 키가 작든, 부자든 가난하든, 머리가 좋든 머리가 나쁘든…. 나의 모든 모습은 곧 나 자신이다. 있는 그대로의 자기 자신을 받아들여야 한다. 있는 그대로의 자신을 받아들이지 못하면 자기사랑도 있을 수 없다. 자신의 모습을 고스란히 그대로 받아들일 수 없는데, 어떻게 자기 자신을 진정으로 사랑할 수 있겠는가? 무엇이

든 있는 그대로의 모습을 고스란히 수용할 때 더 큰 힘이 생긴다. 자기수용도 마찬가지다. 자신의 모습을 고스란히 수용할 때, 자신을 위한 힘도 더 크게 생길 수 있다. 그런 점에서 자기수용은 힘이 세다.

그럼 자기수용에 대해서도 점수를 한번 매겨 보자. 자기사랑의 제3평가기준인 자기수용이란 관점에서 나 자신에게 줄 수 있는 점수는 몇 점일까?

자기사랑의 4번째 요소는 '**자기긍정**'이다. 자신의 현재 모습에 대해서 긍정적으로 평가하고, 미래에는 자신의 모습이 더 나아질 것이라고 믿는 마음이다. 자기긍정은 자신의 현재모습을 사랑하는 마음이면서, 자신의 더 나은 미래모습을 만들기 위한 자기발견과 자기실현을 가능케 하는 플러스 에너지다.

자, 그럼 자기사랑의 제4평가기준인 자기긍정의 관점에서 나 자신에게 줄 수 있는 점수는 몇 점일까?

이제 나 자신의 자기사랑 점수를 한번 정리해 보자. 자기믿음, 자기존중, 자기수용, 자기긍정의 4가지 기준에서 나의 점수는 각각 얼마나 될까? 아래 그림 속에 자신의 전체적인 점수를 한번 매겨 보자.

나의 자기사랑 점수는 얼마나 되는가? 아마도 독자 여러분의 자기사랑 점수는 대단히 높을 듯싶다. 그도 그럴 것이 우리는 이미 자신과 50여 년 가까이를 살아왔다. 자기 자신에게 미운 정 고운 정 다 들었다. 자기사랑 점수가 높을 수밖에 없는 이유다.

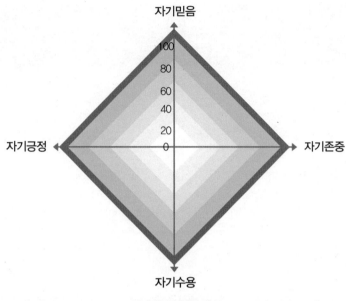

자기사랑 점수그래프

그럼에도 불구하고 독자 가운데에는 자기사랑 점수가 짜게 나온 사람도 있을 것이다. 그럴 경우에는 다시 한번 자신을 돌아보면서 생각해 보자. '나는 나 자신에게 자기사랑 점수를 지나치게 짜게 준 것은 아닐까? 나는 진정으로 자기사랑이 부족한 것인가?' 점수를 지나치게 짜게 주었다면 지금이라도 수정하자. 더 높은 점수를 주자. 그 자체가 바로 자기사랑이다.

아무리 생각해도 자기사랑이 부족하다고 느껴진다면? 자기사랑의 핵심요소인 자기믿음, 자기존중, 자기수용, 자기긍정에 대해서 하나하나 되돌아보고 되새겨 보자. 그리고 각 요소의 점수를 조금씩이라도 높일 수 있는 자신만의 자기사랑 방법을 고민해서 개발하자. 그리고 그것들을 습관화하자.

07 자기를 발견하는 3가지 방법

강점기반	평가기반	탐험기반
1. 나의 장점	1. 적성검사	1. 독서
2. 자랑스런 습관	2. 지인들의 평가	2. 여행
3. 내가 행복할 때	3. 자신의 이력서	3. 명상
4. 내가 하고 싶은 것	4. 성공경험	4. 체험

자기를 발견하는 3가지 방법

내 인생의 르네상스를 위한 자기발견

새로 생긴 인생 후반전 50~60년은 새로운 기회다. 내가 진정으로 원하는 자아실현을 위해서도 충분히 긴 시간이다. 내 삶의 르네상스가 될 수 있는 새로운 시간이다. 결코 재앙이 아니라 더없이 좋은 기회다.

인생 후반전을 내 인생의 진정한 르네상스로 만들기 위해서는 어떻게 해야 할까? 진정한 자아실현을 하기 위해서는 무엇이 필요할까? 무엇보다도 먼저 자기발견의 시간이 필요하다. 인생 전반전을 정리하고 새로운 인생 후반전을 준비하기 위해 제대로 된 자기발견의 시간을 충분히 가지는 것이 필요하다.

자기를 발견하는 방법으로 크게 3가지 접근이 가능하다.

그 첫 번째는 자기 스스로 자신의 강점과 좋은 점과 희망사항 등을 정리해 보는 일이다. 구체적으로는 자신의 장점, 자랑스러운 습관, 자신이 행복할 때, 자신이 하고 싶은 일을 정리해 보는 것이다. 강점 기반의 자기제품명세서를 작성하는 셈이 된다. 이를 통해 자신의 장점과 강점, 재능과 역량, 관심사와 흥미, 자랑스러운 습관, 하고 싶은 일 등을 종합적으로 파악해 볼 수 있다. 한마디로, 주관적인 자기발견 방법이라고 할 수 있다.

자기를 발견하는 두 번째 방법은 사실 중심으로 자신을 객관적으로 측정하거나 평가해 보는 것이다. 적성검사나 MBTI검사와 같은 성격유형검사를 해 볼 수도 있고, 자신에 대한 지인들의 평가의견을 청취할 수도 있다. 사실에 기초해서 자신의 이력서를 직접 작성해 보거나 자신의 실제 성공사례를 기록해 보는 것도 좋은 방법이다. 이것은 한마디로, 객관적인 측정과 평가를 통한 자기발견 방법이라고 할 수 있다.

자기를 발견하는 세 번째 방법은 탐험 기반의 자기발견이다. 아직까지는 명확하게 드러나지 않은 새로운 자기를 발견하기 위한 방법이다. 독서, 여행, 명상, 체험 등의 방법을 통해 드러나지 않은 자기 내면의 미개척지를 탐험하면서 새로운 자아를 발견하는 방법이다. 결과는 확답할 수 없지만, 시도해 볼 만한 가치는 충분히 있는 방법이라고 할 수 있다.

자, 이제 하나하나 따라해 보면서 자기발견을 위한 신나는 여행을 한번 떠나 보자.

1. 강점 기반의 자기발견: 긍정적인 자기제품명세서 만들기

강점 기반의 자기발견

자신의 성공과 행복을 위한 질문을 한다면 어떤 질문을 던져야 할까? '나는 무슨 직업을 택할 것인가?', '나는 어떤 능력과 기술을 갖추어야 할 것인가?', '나는 이 사람과 결혼을 해야 할 것인가?'…. 수많은 질문이 가능할 듯싶다. 그렇지만 그중에서도 가장 기본이 되면서도 가장 중요한 질문 한 개만 고른다면 무엇일까?

아마도 소크라테스가 남긴 명언 '너 자신을 알라'를 질문으로 만든 '너 자신을 아느냐?'일 듯싶다. 자기 자신에 대해서 정확히 이해하고 파악할 때 자신의 성공과 행복을 위한 방법을 찾기도 훨씬 쉬워진다. 그렇다면 자기 자신을 알기 위해서는 과연 어떤 질문을 던져야 할까? 이 질문에 대한 답도 수만 가지가 가능할 것이다. 그래서 필자는 자신을 파악하기 위한 가장 단순하면서도 가장 효과적인 질문체계를 개발해 보았다.

자기 자신의 본모습을 정확히 알기 위해 필자가 개발한 질문체계는 아래처럼 4개의 단순한 질문으로 구성되어 있다.

질문 1 : 내가 가진 장점은?
질문 2 : 나의 자랑스러운 습관은?
질문 3 : 내가 행복하다고 느낄 때는?
질문 4 : 내가 해 보고 싶은 것은?

위의 네 개의 질문 하나하나에 성실하게 답하다 보면 자기도 몰랐던 자기 자신의 본모습을 발견하게 된다. 물론 각 질문별로 한 개의 답만 하는 것이 아니라 머릿속에 떠오르는 대답들을 여과 없이 거침없이 열 개든 스무 개든 다 적으면 된다. 예를 들어, '내가 가진 장점은?'이라는 질문에 대해서 생각나는 대로 떠오르는 대답들을 모두 적는다는 얘기다.

자기 자신의 본모습을 알기 위해 위에서 제시한 네 가지 질문들의 공통점이 있다. 모든 질문이 자신의 긍정적인 면만 묻고 있다는 점이다. 자신의 장점만 질문할 뿐, 자신의 단점에 대해서는 한 마디도 묻지 않는다. 자신의 자랑스러운 습관에 대해 적을 뿐, 자신의 나쁜 습관에 대해서는 한 자도 적지 않는다. 자신이 불행할 때도, 자신이 하기 싫은 것도 적지 않는다. 한마디로 자기긍정명세서라고 할 수 있다. 이렇게 만든 4개의 질문과 각 질문에 대한 대답들을 모으면 최고의 자기긍정명세서 내지 긍정적인 자기제품명세서가 된다.

왜 자신의 긍정적인 부분만 기록하도록 하는 질문들만 있는가? 대답은 간단하다. 강점에 집중하기 위해서다. 자신의 강점, 자신의 좋은 점, 자신이 추구하고 싶은 점, 자신이 행복한 순간만을 기록해서 자신의 강점에 집중하여 자신만의 전략을 만들어 가기 위함이다.

필자는 대학에서 학생들에게 체계론과 미래론 강의를 하면서, 자기 자신을 하나의 제품으로 보고 자기제품명세서를 만드는 방법을 개발하였다. 물론 상세한 명세서가 아니라 1시간 내에 만들 수 있는 약식 자기명세서다. 그렇지만 그것이 가진 엄청난 효용은 그동안 가르친 수백 명의 학생들을 통해서 확실히 입증되었다. 그 방법을 간략하게 소개해 본다.

우선 A4용지 한 장과 필기구를 준비한다. 그리고 용지를 세로로 반으로 접은 후 다시 편다. 그러면 용지 앞뒤로 기록할 부분이 네 곳으로 구분된다. 우선 용지의 상단 중앙에 자신의 이름을 먼저 쓴다. 다음에는 용지 앞쪽의 왼편 상단에는 '나의 장점', 오른편 상단에는 '내가 행복할 때' 라는 제목을 각각 기록하고, 제목의 아래에는 1번부터 20번까지의 일련번호를 각각 써놓는다. 그런 후에 나의 장점 20가지, 내가 행복할 때 20가지를 머리에 떠오르

홍길동			홍길동	
나의 장점	내가 행복할 때		나의 자랑스런 습관	내가 하고 싶은 것
1.	1.		1.	1.
2.	2.		2.	2.
3.	3.		3.	3.
4.	4.		4.	4.
5.	5.		5.	5.
6.	6.		6.	6.
7.	7.		7.	7.
8.	8.		8.	8.
9.	9.		9.	9.
10.	10.		10.	10.
11.	11.		11.	11.
12.	12.		12.	12.
13.	13.		13.	13.
14.	14.		14.	14.
15.	15.		15.	15.
16.	16.		16.	16.
17.	17.		17.	17.
18.	18.		18.	18.
19.	19.		19.	19.
20.	20.		20.	20.

자기제품명세서 양식의 예

는 대로 짤막짤막하게 일사천리로 적어나간다. 제한시간은 각각 15분 내로 해서 합계 30분.

자신의 장점과 행복할 때의 작성이 끝나면 용지를 뒤집는다. 그리고 똑같은 방식으로 왼편 상단에 '나의 자랑스러운 습관', 오른편 상단에 '내가 하고 싶은 것'을 각각 써 놓고, 그 아래에 1번부터 20번까지의 일련번호도 각각 써 둔다. 그 다음에는 마찬가지 방식으로 총 30분의 제한시간 내에 나의 자랑스러운 습관 20가지와 내가 하고 싶은 것 20가지를 생각나는 대로 재빠르고 간결하게 써내려간다. 실제로 해 보면 처음의 몇 개를 쓰기가 어렵든지, 마지막 몇 개를 채워내기가 어렵다. 하지만 쉽게 생각하고 솔직하게 쓴다고 마음먹으면 훨씬 쉬워지고 빨라진다.

이렇게 해서 1시간 만에 A4용지 한 장의 앞뒤로 채워진 80개의 내용은 간단하다. 그러나 놀랍게도 자기 자신을 가장 잘 설명해 주는 훌륭한 자기제품명세서 내지 나 자신의 설명서다. 자신도 몰랐던, 아니 평소에는 의식하지 못하면서 잊고 있었던 자신의 장점과 잠재적 역량, 자신의 자랑스러운 습관이 자신에게 처음으로 공개되어 눈에 들어온다. 희한하게도 자신의 장점과 자랑스러운 습관을 써내려가면서 고쳐야 할 단점과 자신의 나쁜 습관도 머릿속에 막 떠오르게 된다.

이렇게 아무리 말해도 실제로 해 보지 않으면 느낌이 와 닿지 않는 것이 당연하다. 독자 여러분도 지금 당장 한번 해 보자. 혼자서 힘들다면 가장 마음 편한 친구나, 가족 중의 한두 사람과 같이 해 보는 것도 좋을 듯하다.

우선 복사용지와 같은 흰 종이를 한 장씩 꺼낸다. 그리고 세로로 반을 접어 표시를 한다. 그러고는 자신의 이름을 쓰고, 먼저 자신의 장점과 자신이 행복할 때를 각각 20개씩 한번 써내려가 보시라. 제한시간을 정해 두고 가능하면 30분 내에 마치도록 하자. 만일에 20개를 다 못 채우더라도 시간이 되면 일단 중단하자. 나중에 천천히 채우면 되니까.

30분이 지나면 용지를 뒤집는다. 그리고 다시 30분 동안 자신의 자랑스러운 습관과 자신이 하고 싶은 일을 각각 20개씩 생각나는 대로 일사천리로 써내려간다. 설사 20개를 다 못 채우더라도 괜찮다. 30분이 지나면 일단 펜을 놓자.

자, 이제 자신이 써 놓은 자기제품명세서 80개의 내용을 천천히 읽어 내려가면서 음미해 보자. 뜻하지 않게도, 자신에 관한 재미

있고 유익한 사실을 발견할 수 있으리라 믿는다.

여태까지는 막연하게만 생각해 왔던 자기 자신의 본 모습에 대해서 더 정확히 알게 되고, 자신의 장점과 자랑스러운 습관에는 어떤 것들이 있는지를 새삼 깨닫게 될 것이다. 그뿐만 아니다. 자신이 정말로 무엇을 좋아하는지, 진정으로 해 보고 싶은 것이 무엇인지를 다시 한 번 생각해 보게 한다.

놀랍게도 거의 대부분의 사람들이 수십 년을 살아오면서 자기 자신이라는 제품을 단 한 번도 체계적으로 기술해 본 적이 없었기 때문에 자신에 관해서 더욱 많은 것을 발견하게 된다.

이렇게 자신이 스스로 작성한 자기제품명세서를 가지고 이리 보고 저리 보고 하다 보면, 자신이 추구해야 할 자기제품전략서를 만들 수도 있다. 자신의 장점과 좋은 습관에 기초해서 앞으로 어떤 방향으로 무엇을 하는 것이 더 좋겠다는 확신과 자신감이 들게 된다. 이제는 나 자신을 좀 더 정확히 알았기 때문에, 앞으로 나 자신이 어떻게 살아야 하겠다는 생각이 더욱 명확히 떠오르는 것이다.

자기제품명세서가 더욱 좋은 점은 자기 자신에 관해 긍정적인 면과 강점만을 기술하고 있다는 사실이다. 자기제품명세서에 기술되는 자신의 장점, 자랑스러운 습관, 자신이 행복할 때, 해 보고 싶은 일 등은 모두 자신에 관한 플러스요인들인 셈이다. 따라서 자기제품명세서는 강점 기반의 미래설계를 하기 위해서도 더없이 좋은 도구가 될 수 있다.

필자의 강연을 들은 50대의 여성 직장인 한 분은 강의를 들은 날 저녁에 자녀 둘을 데리고 셋이서 함께 자기제품명세서를 작성해 보았다고 문자메시지를 보내온 적이 있다. 실제로 해 보니까 너무 좋았고, 그래서 너무 감사하다는 내용이었다.

독자 여러분에게도 책을 덮고 지금 당장, 꼭 한 번 자기제품명세서를 작성해 보기를 권하고 싶다. 1시간 만에 할 수 있는, 간단하고 쉬운 작업임에도 행복한 100세 시대를 위한 최고의 준비작업이 될 것이라 믿는다.

2. 평가 기반의 자기발견 : 측정과 평가를 통한 자기발견

객관적인 측정과 평가를 통해서도 자기 자신을 발견할 수 있다. 긍정적인 자기제품명세서를 작성하며 자기발견의 시간을 가지는 것과 병행해, 객관적인 평가 기반의 자기발견 기회를 가질 수 있다면 금상첨화다. 이 두 가지 방법을 병행하는 것을 권하고 싶다.

측정과 평가를 통한 자기발견 방법의 대표적인 예로, 우선 적성검사와 성격유형 검사를 들 수 있다. 그 중에서도 필자는 심리학자 칼 융의 이론에 근거한 성격유형 검사인 MBTIMyers-Briggs Type Indicator검사를 추천하고 싶다.

MBTI검사에 따르면, 각각 2개의 반대되는 유형으로 나눌 수 있는 4가지 평가기준에 의해 사람의 성격유형을 2×2×2×2=16가지로 나눌 수 있다. 우리가 가진 성격에너지의 지향점에 따라 내향형Introversion과 외향형Extraversion, 인식방법에 따라 감각형Sensing

과 직관형iNtuition, 의사결정방법에 따라 사고형Thinking과 감정형 Feeling, 행동방법 또는 상황대처방법에 따라 판단형Judging과 인식형Perceiving으로 구분할 수 있다.

예를 들면, 필자의 경우는 INTP형이다. 내향형−직관형−사고형−인식형 스타일이다. 요약된 MBTI 성격유형 설명에 따르면, 비평적인 관점을 가지고 있는 뛰어난 전략가로서, 한마디로 표현하면 '아이디어 뱅크'형이다.

MBTI검사를 해 보면 자신이 가진 객관적인 성격유형과 선호경향을 뚜렷하게 알 수 있다. 자신이 어떤 스타일인지 명확하게 정리가 안 되거나, 앞으로 뭘 할지 막막할 때 큰 도움이 된다. 자기 자신의 모습에 대해 객관적으로 정리가 될 뿐만 아니라, 자신에게 부합하는 직업선택의 방향성을 정립할 때에도 대단히 유용하다.

직업을 선택할 때는 자신이 좋아하는 일이면서 자신이 잘할 수 있는 일을 고르는 것이 바람직하다고들 한다. 그런데 자신이 좋아하고 잘할 수 있는 것에 대해서 주관적으로만 생각하면 자신이 없을 때가 많다. 이럴 경우 MBTI검사를 받아 보는 것이 딱이다. 왜냐하면, 객관적인 선호경향 측정을 통해서, 자신이 좋아하고 잘할 수 있는 것이 무엇인지에 대한, 객관적이고 합리적인 평가결과를 제시해 주기 때문이다. 그런 점에서 MBTI검사는 나의 선호경향에 부합하는 만족스러운 직업선택을 위해서 대단히 유용한 지원도구가 될 수 있다.

MBTI검사에 걸리는 시간도 그렇게 길지 않다. 30분 검사, 30분 분석으로 약 1시간 정도면 검사를 끝내고 결과까지 알 수 있다. MBTI검사에 대한 보다 상세한 정보는 한국MBTI연구소(www.mbti.co.kr)에서 얻을 수 있다.

MBTI검사와 같이 체계적이고 과학적이진 않지만, 그 외에도 자기발견을 위한 다양한 검사 방법이 있을 수 있다. 그 대표적인 예로, 자신을 잘 아는 주변의 지인들을 통해 자기 자신을 객관적으로 평가받아 보는 방법을 들 수 있다.

예를 들면, 10년 이상 자신과 같은 직장에서 일해 온 친한 동료나 상사 또는 후배를 들 수 있다. 그 사람들과 조용히 얘기할 수 있는 시간을 별도로 만든다. 그리고 자신에 대해서 얘기하는 것을 경청하면서 메모한다. 자신의 성향, 좋은 점, 역량, 부합하는 직업군…….

얘기를 듣다 보면 나 자신도 몰랐던 나의 모습을 듣게 될 수도 있다. 나의 미래 직업을 선택할 때 도움이 되는 힌트를 얻을 수도 있다.

필자도 독자 여러분과 똑같이 인생 후반전을 준비해야 하는 입장에 있다. 그래서 몇 달 전부터 필자의 지인들이 필자를 자유스럽게 묘사하고 평가하도록 부탁하고, 지인들이 말하는 것을 부지런히 듣고 메모해 오고 있다.

그 과정에서 필자가 깜짝 놀랄 만한 사실을 한 가지 발견하였다. 여러 사람이 똑같은 얘기를 할 때가 종종 있다는 사실이다. 서로 다른 사람이 나에 대해 동일한 내용을 얘기해 준다는 사실은, 많은 것을 시사해 준다. 필자가 귀담아 듣고 새겨야 할 공통필수 의견인 셈이다. 아마도 독자 여러분도 지인들과 지속적으로 이런 대화를 해 보면 필자와 비슷한 경험을 하게 될 것이다.

3. 탐험 기반의 자기발견: 자기내면의 미개척지로의 탐험

앞에서 설명한 강점 기반의 자기발견과 평가 기반의 자기발견은 자신이 이미 가지고 있는 모습을 끄집어내어 정리하는 것이라 할 수 있다. 이에 비해 자신도 몰랐던 자기의 모습을 끄집어내는 것도 가능하다. 여기서는 그것을 탐험 기반의 자기발견이라고 이름을 붙여보았다.

탐험 기반의 자기발견은 자기내면에 존재하는 자기 내부의 미개척지로의 탐험을 통해, 이전에는 몰랐으나 실제로는 늘 존재했던 자기 자신을 발견해내는 작업이다. 작업도구로는 독서, 여행, 명상, 체험 등의 방법을 들 수 있다.

독서, 여행, 명상, 체험 등을 통한 탐험 기반의 자기발견은 보다 넓고 깊은 의미의 자기발견을 가능케 해 준다. 자기 적성에 부합하는 일과 직업이라는 좁은 의미를 넘어서, 자기존재의 의미, 가치 있는 삶, 성취와 보람, 성공과 행복 등 보다 넓은 의미에서 자아를 성찰하고 재조명하게 만든다.

나의 인생 비전						
나의 인생 목표						
일	소득	건강	학습	관계	여가	…

인생 비전과 인생 목표

인생 후반전의 준비도 비전과 목표 설정에서부터 시작된다

시간이 소요되는 중요한 일을 할 때는 사전에 목표를 설정하는 것이 너무나도 중요하다. 목표를 설정하면 그 목표는 지향해야 할 과녁이 된다. 그리고 그 과녁을 향해 집중하고 몰입하게 된다. 이 것은 누구나 빤히 아는 사실이다. 그런데도 불구하고 목표 설정을 습관화하고 생활화해서 실천하는 사람은 그다지 많지 않다.

인생 후반전의 준비도 마찬가지다. 사전에 구체적인 목표를 설정하는 것이 너무나도 중요하다. 그런데 인생 후반전을 준비할 때는 단순히 목표를 설정하는 것만으로는 실은 부족하다. 왜냐하면 인생 후반전이란 시간이 너무나도 길기 때문이다. 40년, 50년이란 긴 시간을 준비할 때는 목표 설정에 앞서 또 하나의 작업이 더 필요하다. 바로 자기인생의 비전을 설정하는 작업이다.

인생 후반전은 시간으로만 따져도 내 인생 전체의 50% 이상을 차지하는 어마어마한 시간이다. 50년 이상이나 되는 길고도 긴 시간이다. 따라서 인생 후반전의 비전과 목표를 설정하는 작업은 곧 지금부터 남은 내 인생 전체의 비전과 목표를 설정하는 작업이나 마찬가지다. 그렇게 생각하고, 인생의 비전과 목표를 설정하는 작업을 이제부터 진지하게 시작하자.

나의 인생 비전서 만들기

자, 그렇다면 우선 나의 인생 비전과 나의 인생 목표 간의 관계를 한번 살펴보자. 무엇이 먼저일까? 필자는 비전이 목표보다 먼저라고 생각한다.

왜냐하면, 비전은 방향성을 제시하는 것이고, 목표는 도착점을 제시하는 것이기 때문이다. 도착점 이전에 어느 방향으로 갈지가 필요하기 때문이다. 인생의 비전은 인생 후반전을 잘 헤쳐 나가기 위한 나침반 역할을 해 주는 것이고, 인생의 목표는 인생 후반전의 성공과 행복을 찾아가는 지도 역할을 해 주는 것이다.

그럼, 인생 비전서는 어떻게 만드는가? 이렇게 이렇게 만든다고 한마디로 딱 잘라 말하기는 쉽지 않다. 그렇다고 해서 아주 어려운 작업도 아니다. 며칠을 끙끙거려도 안 만들어지다가도 어느 순간 갑자기 핵심 내용이 머릿속을 스치는 것. 그것이 인생 비전서인지도 모르겠다. 참고가 될까 해서 필자의 인생 비전서를 소개한다.

김현곤의 비전

2014. 12. 10

사명: 사회 디자인
사회 디자이너로서 대한민국을 업그레이드하는 데 기여한다.

가치 및 전략: 창의와 협력
1. 창의적으로 새로운 방법, 더 나은 방법을 부단히 개발한다.
2. 최고의 파트너를 찾아 협력을 통해 사명을 완수한다.

목표 및 계획:
1. 고령화, 교육, 건강, 신뢰, 협력, 행복의 6개 아젠다에 집중하여 우리 사회를 업그레이드하는 사회 디자인 프로젝트를 발굴하고 추진한다.
2. 새마을운동처럼 역사에 길이 남는 사회 디자인 프로젝트를 2개 이상 만든다.
3. 미래 디자인과 사회 디자인에 기여하는 명저를 10권 이상 저술한다.
4. 세계적인 전문가로 인정받는 미래 디자이너 및 사회 디자이너로서 위상을 확립하고 세계를 무대로 활동한다.
5. 나뿐만 아니라 나의 가족 모두가 행복하게 성장하고 성공할 수 있도록 적극 지지하고 지원한다.

김현곤의 비전

인생 비전서를 만드는 데 있어서 필자의 경우는 운이 참 좋았던 것 같다. 약 4년 전에 우연히 다른 사람의 인생 비전서를 본 적이 있었다. 솔트룩스라는 빅데이터 회사의 이경일 대표의 비전서였다.

둘이서 빅데이터 특강을 하러 갔다가 내 옆자리에 앉아 자신의 인생 비전서를 나에게 보여 주었다. 20여 개의 내용이 빼곡히 적혀있었다. 그것을 처음 본 순간 필자는 큰 충격을 받았다. 내용이 충격적이라기보다는, 나보다 10년 가까이 어린 사람이 자신의 인생 비전서를 만들어 늘 품 안에 소중히 간직하면서 다닌다는 사실이 충격적이었던 것이다.

그 순간, '나도 언젠가는 나의 인생 비전서를 만들어야지' 하는 생각을 불현듯 하게 되었다. 그러다 몇 년의 시간이 흘렀다. 2014년에 1년간 국방대학교 연수과정에 다니면서 그해 여름 드디어 필자도 인생 비전서 초안을 만들었다. 몇 줄 안 되는 짤막한 내용이지만, 그 비전서의 내용은 지금도 나를 움직이고 내 인생을 움직이는 나침반 역할을 해 준다. 지금 내가 쓰고 있는 이 책도 그 비전서의 내용을 실현하는 중요한 작업의 일부다.

인생 비전서도 전염성을 가지고 있는 것 같다. 나의 인생 비전서를 집사람에게 보여 주었더니 며칠 안 되어서 집사람도 자신의 비전서를 만든 일도 있었다. 또한 인생 비전서는 한 번 만들면 거의 변하지 않는다. 나도 내 집사람도 비전서를 만든 지 2년 가까운 시간이 흘렀지만, 티끌만큼도 수정하고 싶은 내용이 없다. 2년 전에 만든 인생 비전서가 고스란히 지금도 나와 집사람의 인생을 일관성 있게 안내해 주고 있다.

독자 여러분이 만들 인생 비전서도 틀림없이 그런 견고한 안정성과 지속성을 가지리라 짐작된다. 이유는 간단하다. 여러분도 이미 50년 이상이나 되는 충분히 긴 인생을 살아왔기 때문이다. 그러면 인생 비전서를 어떻게 만들면 좋을까? 필자가 제안하는 방법은 의외로 간단하다.

첫째, 자신과 대화할 수 있는 가장 고요한 시간과 공간을 마련하자. 반나절 정도의 충분한 시간을 확보하자. 며칠간 혼자만의 여행을 하면서 자신과 대화할 시간을 만드는 것도 권하고 싶은 방법이다.

둘째, 필기구와 종이를 준비하자. 아예 필자가 제안하는 인생 후반전 준비노트를 준비하면 금상첨화다.

셋째, 다른 사람들이 쓴 인생 비전서를 몇 개 구해서 읽어보면서 자신의 인생 비전서를 어떻게 쓸지에 대한 힌트를 얻자. 물론 앞에서 제시한 필자의 인생 비전서도 참고가 되면 좋겠다.

마지막으로, 한 시간 정도 집중하여 자신만의 인생 비전서 초안을 작성해 보자. 자신의 마음 깊은 곳에서 시키는 대로 거리낌 없이 용기 있게 작성해 보자.

여기까지가 중요하다. 약간 엉성하더라도 일단 초안을 써놓으면 조금씩 수정하면 된다. 그렇게 해서 나의 인생 비전서를 꼭 만들어 보자. 나의 인생 비전서는 나의 천직 만들기를 위한 본격적인 첫걸음이다.

나의 인생목표 만들기

나의 인생 비전서를 만들고 나면 왠지 뿌듯해진다. 이 뿌듯한 마음이 사라지기 전에 그 다음 작업을 곧바로 해 버리자. 나의 인생 비전서를 참고하여 나의 인생목표를 만드는 작업이 바로 그것이다.

나의 인생 비전	
사회 디자이너로서 대한민국을 업그레이드 하는 데 기여한다.	
나의 인생목표	
일	고령화, 교육, 건강, 신뢰, 협력, 행복에 관한 사회 디자인
소득	50대: 1억 원, 60~80대: 2억 원, 90~100대: 1억 원
건강	매일 2시간은 건강에 투자 → 120세까지 건강하게 일하는 체력 유지
학습	매일 2시간은 독서, 매일 2시간은 팀웍을 통한 세계 최고수준의 학습 지속
관계	서로 돕고 기여하는 관계 네트워크 유지: 국내 100명, 국제 100명
여가	매일 2시간은 취미 생활, 연간 100일은 행복한 휴가
가정	나의 가족 모두가 행복하게 성장하고 성공할 수 있도록 상시 지지하고 지원

나의 인생 비전을 참고하여 인생목표 만들기

나의 인생목표는 어떻게 만드는가? 자신이 마음 내키는 대로 자유롭게 만들면 된다. 참고가 될까 해서 필자가 만든 인생목표를 소개해 두었다. 독자 여러분은 여러분만의 방식으로 필자보다 더 알차게 디자인된 인생목표도를 만들면 좋겠다.

도움이 될까 해서, 우선 필자의 인생목표 작성방식을 설명해 둔다. 먼저, 맨 윗칸에 나의 인생비전을 요약해서 적는다. 그리고 그 아래 칸에는 일, 소득, 건강, 학습, 관계, 여가, 가정 등으로 구분해서 자신이 인생에서 꼭 달성하고 싶은 핵심목표 한두 가지씩을 적어 넣는다.

자기만의 시간을 확보해서 집중하여 인생목표를 적어보는 것이 우선 중요하다. 마음에 들지 않으면 시간을 두고 조금씩 고치면 된다. 그러나 처음에 인생목표를 적어두는 작업을 해 두지 않으면 고칠 수도 업그레이드할 수도 없다. 그래서 자신의 인생목표를 정하는 것도 완성도는 약간 떨어지더라도 일단 시작하는 것이 무엇보다도 중요하다.

09 인생 후반전과 18만 시간의 법칙

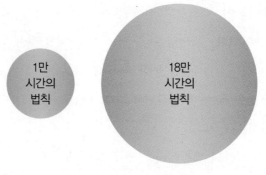

1만 시간과 18만 시간의 법칙

인생 후반전 시간분석

100세 시대를 믿는다면, 이제 나의 평균 수명은 100년이다. 만일 나의 인생 후반전이 50세부터 시작된다면, 나의 인생 후반전의 길이는 총 50년이다. 이 말이 가슴에 와 닿는가? 50년, 100년과 같은 큰 수치는 우리들의 가슴에 탁 와 닿지 않을 수도 있다.

자, 인생 후반전에 나에게 주어진 시간의 총 길이를 가슴에 좀 더 와 닿게 한번 만들어 보자. 50년이란 시간을 좀 더 작은 단위로 나누어 보는 것이다.

50세	**50세 시작 시나리오: 인생 후반전 18만 시간** (50년×365일×10시간=182,500시간)	100세

60세	**60세 시작 시나리오: 인생 후반전 15만 시간** (40년×365일×10시간=146,000시간)	100세

50세와 60세의 인생 후반전

인생 후반전이 50세부터 시작된다면, 100세까지 50년의 시간이 내게 주어진다. 50년간 매일 10시간이 내가 자유롭게 통제할 수 있는 시간이라면 50년 동안 약 18만 시간이 내 시간이 된다. 인생 후반전이 60세에 시작된다고 하더라도 40년간 약 15만 시간이 온전히 나만의 시간이 된다.

이미 1만 시간의 법칙이라는 것을 들어 보았을 것이다. 뭔가에 1만 시간을 집중해서 투자하면 최고의 전문가가 될 수 있다는 것을 증명한 법칙이다.

그렇다면 인생 후반전에 내가 좋아하고 내가 잘할 수 있는 일에 나에게 주어진 18만 시간을 온전히 집중해서 투자한다면 어떻게 될지 1만 시간의 법칙과 비교해서 한번 상상해 보자. 내가 만일 인생 후반전에 18만 시간의 법칙을 실천할 수 있다면 나의 삶은 어떻게 될까? 마법과 같은 인생 후반전을 살 수 있지 않을까?

18만 시간이라는 어마어마한 기간 동안, 초점을 가지고 집중할 수 있다면, 우리의 인생 후반전은 기적을 만드는 마법의 시간이 될 수 있다. 그렇게 믿고 인생 후반전을 착실히 준비하자.

인생 후반전, 하루 단위 시간분석

내 인생 후반전에서 18만 시간의 법칙이 실현가능한 이유를 좀 더 살펴보자. 인생 전반전에서의 하루와 인생 후반전에서의 하루 시간을 비교해 보면, 금방 알 수 있다.

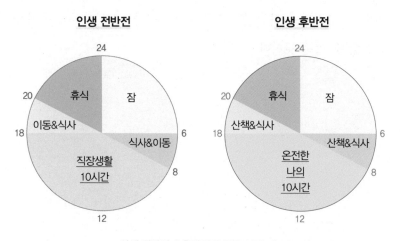

인생 전반전과 후반전의 하루 시간 비교

우선, 인생 전반전에서의 전형적인 하루를 한번 생각해 보자. 잠과 휴식시간, 식사시간과 이동시간을 제외하면 하루 중 약 10

시간이 직장에서 보내는 시간이라고 할 수 있다.

이에 비해 인생 후반전은 어떤가? 잠과 휴식시간은 인생 전반전과 거의 똑같다. 식사시간도 마찬가지다. 인생 전반전의 이동시간은 인생 후반전에서는 산책 등으로 대체될 수도 있고, 이동시간 그대로일 수도 있을 것이다. 근본적이고 극명한 차이는 나머지 10시간에 있다.

인생 전반전에서는 직장에서 보내는 시간이 약 10시간이다. 그런데 인생 후반전에서는, 일단 첫 직장에서 은퇴한 경우가 대부분이다. 일을 하더라도 그 10시간은 온전히 내가 통제할 수 있는 시간이다. 내가 스스로 방향을 정해서, 내가 좋아하고 내가 잘할 수 있는, 나의 천직에 가까운 일에 오롯이 집중할 수 있는 그런 10시간이다. 그렇기에 인생 후반전에서는 누구나 18만 시간의 법칙을 실현할 수 있는 것이다.

인생 후반전을 위한 자기투자

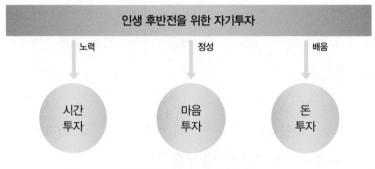

인생 후반전을 위한 자기투자

노력 → 시간 투자

정성 → 마음 투자

배움 → 돈 투자

인생 후반전을 위한 자기투자

절대로 밑질 수 없는 인생 최고의 투자, 자기투자

주식투자를 해 본 사람은 누구나 느낄 수 있다. 투자라는 것은 언제나 위험이 따른다는 것을. 잘될 때도 있고 그렇지 않을 때도 있다는 것을.

그러나 절대로 밑질 수 없는 투자가 하나 있다. 바로 자기 자신에 대한 투자다. 자신에게 하는 투자는 우리가 생각할 수 있는 수많은 투자 중에서 최고의 투자라고 할 수 있다. 한마디로 투자가치가 가장 큰, 인생 최고의 투자다. 자기투자는 돈도 거의 들지 않는 투자다. 마음만 먹으면 가능한 투자다. 집중하고 몰입하는 것만으로도 충분히 해낼 수 있는 투자다. 그럼에도 불구하고 투자에 따른 회수가치는 무한한 황금투자다.

그런데 참 이상하다. 주식투자는 그렇게 열심히 하면서도, 이렇게 손쉬우면서 가치 있는 자기투자를 위해 혼신의 노력을 다하는 사람은 그렇게 많지 않다. 자신의 주위에서 정말로 자기투자를 위해 전력을 다해 노력하고 있는 사람이 얼마나 될까? 혹은 이 글을 읽고 있는 독자 여러분은 만족스러운 자기투자를 지금 실천하고 있을까?

이제 제대로 된 투자를 한다는 기분으로 자기투자를 시작하자. 주식투자를 해서 돈을 벌듯, 자신의 역량과 경쟁력을 제대로 키우기 위해 온 힘을 다해서 자기투자를 하자.

자기투자를 위해서는 우선 시간을 투자해야 한다. 자신에게 주어진 전체 시간을 사전에 계산해 보고, 얼마나 많은 시간을 들여서 역량과 경쟁력 강화를 위해 노력할 것인지 계획을 짜고, 착실히 실천하자. 시간투자 노력을 하면서, 그 과정도 꾸준히 기록하면서, 자신의 시간투자 노력을 모니터링하고 관리하자.

또한, 자기투자를 위해서는 자신의 마음도 투자해야 한다. 정성을 투자해야 한다는 말이다. 시간을 투자하면서 온 정성을 다하도록 하자. 온 마음을 집중하고 몰입해야 자기투자의 효과가 커진다. 정신일도 하사불성이다. 정신을 집중해서 정성을 다하는 만큼 시간투자의 효과도 비례해서 커진다.

그리고 필요하다면 자기투자를 위해, 자기학습을 위한 최소한의 돈도 투자해야 한다. 돈 투자라고 해서 큰돈을 투자하라는 얘기는 아니다. 필요한 책을 산다든지 꼭 필요한 교육을 받는다든지 하는 식으로 자기투자를 위해 필요한 최소한의 경비를 기꺼이 지불하라는 얘기다. 투자비용 대비 최고의 투자효과를 지니는 돈 투자라고 생각하고 자기투자를 위해 필요한 돈은 적극적으로 쓰자.

특히 인생 후반전을 위해 사전에 계획적으로 자기투자를 한 사람과 그렇지 않은 사람의 차이는 시간이 지날수록 엄청나게 벌어진다. 자기투자를 꾸준히 한 사람은 그 열매를 활용해서 만족스럽고 풍요로운 인생 후반전을 살아갈 가능성이 크다. 반면에 자기투자를 제대로 못한 사람은 준비되지 않은 기나긴 인생 후반전을 불만족스럽고 빈곤하게 살아갈 가능성이 높다.

자기투자가 어떠했는지의 여부에 따라서 인생 후반전이 축복이될지 재앙이 될지가 극명하게 갈리게 된다. 그래서 더 나은 인생 후반전을 위해서 이제부터라도 철저하게 자기투자를 하도록 하자.

천직 찾기

: 일의 욕구단계설과 천직 찾기

01 100세까지 일해야 하는
3가지 이유

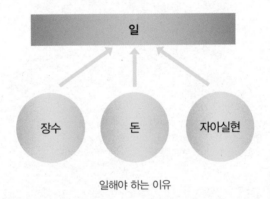

일해야 하는 이유

100세까지 일해야 하는 3가지 단순한 이유

우리는 이제 적어도 100세까지는 일하게 될 것이다. 그렇게 해
야만 하는 이유는 수없이 많이 들 수 있다. 하지만 머릿속에 꼭 담
아서 평생 잊어버리지 않도록 가장 단순한 이유 3가지만 소개해

보겠다.

첫 번째는 100세를 훨씬 넘어서까지 살아가야 하기 때문이다. 100세, 110세까지 살게 되는데, 60세에 은퇴해서 아무 일도 하지 않고 40년, 50년이란 긴 세월을 살아갈 수 없기 때문이다. 50년간 아무 일도 하지 않는다면 얼마나 무료하고 지겨울 것인가? 장수가 재앙이 되지 않기 위해서라도 100살까지는 일해야 할 것이다.

두 번째는 돈이 필요하기 때문이다. 살아가기 위해서는 기본적으로 돈이 필요하다. 의식주를 해결하고, 취미생활을 하고, 사회 속에서 살아가려면 최소한의 돈은 필요하다. 가능하면 그 돈도 연금처럼 매월 꾸준히 나오는 것이 제일 좋다. 그러려면 일하는 것이 최고다. 일을 하면서 급여 형태로 소득을 올리는 것이 가장 좋은 방법이다. 그래서 건강이 허락하는 한 100세까지는 일하는 것이 바람직하다.

세 번째는 자아실현을 해야 하기 때문이다. 사람은 의식주만 해결된다고 만족하지 않는다. 매슬로우가 욕구단계설을 통해 간결하게 잘 설명했듯이, 인간에게는 본능적으로 욕구라는 것이 내재되어 있다. 그리고 그 욕구는 점점 발전하도록 구조화되어 있다. 의식주를 해결하는 생존욕구에서 시작해서 안전욕구, 관계욕구, 인정욕구를 거쳐, 가능하다면 자아실현의 욕구까지 만족시키고 싶은 것이 인간의 본능이다. 인생 후반전은 더욱더 삶의 의미를 추구하고 싶어 하는 시기다. 자아실현의 욕구가 강해질 수밖에 없다. 그런데 자아실현을 위한 최선의 방법은 일을 통해서다. 100세를 넘어 죽을 때까지 일할 수밖에 없는 세 번째의 이유이자 가장 중요한 이유다.

100세까지 일하면 좋은 3가지 단순한 이유

위에서 100세까지 일해야 하는 3가지 단순한 이유를 살펴보았다. 이번에는 이것을 뒤집어서 한번 생각해 보자. 100세까지 일하면 좋은 이유를 3가지만 든다면 무엇일까? 그 답은 100살까지 일해야만 하는 3가지 이유와 거의 비슷하다.

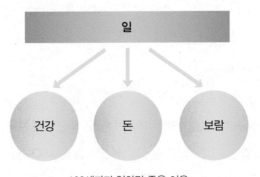

100세까지 일하면 좋은 이유

첫 번째 이유는 일을 하면 더 건강해진다는 것이다. 100세 이상으로 수명이 확 늘어났기 때문에 일할 수밖에 없다. 그런데 재미있게도 일을 하게 되면 자연스럽게 신체와 정신을 움직이게 되고, 사회적 활동을 하게 되므로, 결과적으로 신체적 · 정신적으로 더 건강해질 가능성이 훨씬 높아진다. 수명이 늘어나 일할 수밖에 없었는데, 일을 함으로써 장수에 필수적인 건강을 갖게 되는 묘한 선순환관계를 형성하게 된다.

두 번째 이유는 일을 하면 소득을 얻게 된다는 점이다. 일을 하면 당연히 그 대가로 돈을 받는다. 사람이 살아가려면 어느 정도의 돈은 있어야만 되는데, 일을 통해 그 돈을 공급받을 수 있는 것이다. 일을 하면 그 대가로 돈이 들어온다는 것은 지극히 당연한 일이다. 그렇지만 정말 중요한 사실이다.

세 번째 이유는 일을 하면 보람을 얻게 된다는 것이다. 앞에서 일을 해야 하는 가장 고차원적인 이유로 자아실현을 들었다. 자신에게 맞는 가치 있고 의미 있는 일을 함으로써 자아실현을 하는 과정에서, 사람들은 자연스럽게 보람을 얻게 된다. 특히, 인생 후반부에서는 자아실현을 위해서 일을 해야 하는데, 그렇게 일을 하는 과정에서 성취와 보람을 느낄 수 있게 되는 것이다.

여기까지 읽은 독자들은 느꼈으리라 믿는다. 100세까지 일해야만 하는 3가지 이유와 100세까지 일하면 좋은 3가지 이유가 실은 동전의 양면과 같다는 사실을 말이다. 100세 장수시대, 돈, 자아실현이 100세까지 일해야만 하는 가장 중요한 3가지 이유였다. 건강, 소득, 보람이 100세까지 일하면 좋은 3가지 이유다. 장수와 건강, 돈과 소득, 자아실현과 보람. 일이라는 동전의 앞면과 뒷면이다.

02 일의 욕구단계설과 우리가 일하는 5가지 이유

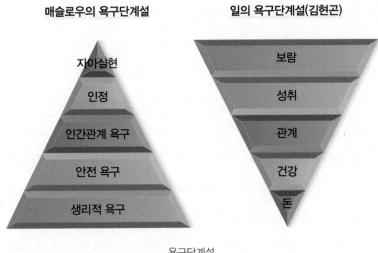

매슬로우의 욕구단계설

- 자아실현
- 인정
- 인간관계 욕구
- 안전 욕구
- 생리적 욕구

일의 욕구단계설(김현곤)

- 보람
- 성취
- 관계
- 건강
- 돈

욕구단계설

일의 욕구단계설

인간을 생존하게 만드는 것은 본능적으로 생존과 안전의 욕구가 있기 때문이다. 인간이 사회적 동물이라는 것은 인간관계 욕구와 인정받고 싶은 욕구가 있기 때문이다. 그러면서도 모든 사람은 자기 인생의 주인이자 주인공이다. 따라서 궁극적으로는 자기존재의 의미를 발견하고 자아실현을 위해 노력하고자 하는 욕구도 가지고 있다.

사람들이 가진 이러한 욕구구조를 가장 잘 설명한 사람은 심리학자 매슬로우였다. 매슬로우는 인간의 욕구에는 다섯 단계가 있다고 했다. 하위단계의 욕구부터 차례로 열거해 보면 생리적 욕구, 안전 욕구, 인간관계 욕구, 인정과 존경에 관한 욕구, 자아실현 욕구가 그것이다.

매슬로우에 따르면 사람은 일반적으로 하위 욕구가 충족되어야만 그 다음 상위의 욕구를 충족하고자 노력하게 된다고 한다. 오랜 시간이 흘렀음에도 불구하고 매슬로우의 욕구단계설은 인간의 욕구구조를 명확하게 설명해 주는 단순하고도 명료한 모델로, 지금까지도 수많은 분야에서 널리 활용된다.

사람이 가진 일반적인 욕구가 그러하다면, 사람들이 일을 하고자 하는 이유도 비슷한 논리로 설명할 수 있지 않을까? 이러한 생각에서 출발하여 매슬로우의 욕구단계설을 벤치마킹해서 **'일의 욕구단계설'**을 필자가 만들어 보았다.

우리가 일을 하는 이유는 무엇인가? 매슬로우의 욕구단계설처럼 일과 관련된 욕구에도 단계가 있을까? 이러한 질문에 대한 나름의 답을 간단하게 비주얼화하여 정리한 것이 일의 욕구단계설이다.

일의 욕구단계설에 따르면, 일을 하는 첫 번째 이유는 돈을 벌기 위해서다. 일을 통한 소득이 있어야 생계를 유지하고 의식주를 해결할 수 있다. 돈이 있어야 가족도 부양하고, 취미생활과 여가생활도 가능하다.

둘째로, 일을 하면 자연스럽게 활동을 하게 되므로 건강을 유지하는 계기가 될 수도 있다. 신체적인 건강도 유지할 수 있고 정신적인 건강도 유지할 수 있다. 건강은 매슬로우가 말한 안전 욕구와 일맥상통한다. 왜냐하면 건강은 안전하고 안정된 삶의 기초이자 모든 활동의 안전한 기본토대가 되기 때문이다.

또한 일을 통해 다양한 관계를 유지할 수 있다. 가족관계, 동료와 친구관계, 일과 관련된 다양한 인적 네트워크 등이 모두 일을 함으로써 보다 원활하게 유지되고 지속될 수 있다.

그런데 위에서 소개한 돈, 건강, 관계는 일을 통해 얻을 수 있는 가장 원시적이면서도 기본적인 욕구라고 할 수 있다. 이 욕구들을 넘어서, 사람은 일을 통해 보다 고차원적인 욕구를 지향한다. 그 대표적인 욕구가 성취욕구다.

사람은 일을 통해 자신이 해야 할 어떠한 과제를 수행하고, 원하는 목표를 달성한다. 그 결과로 인정을 받기도 하고 승진되기도 한다. 때로는 일을 통해 존경과 지지를 받기도 한다. 한마디로 사람들은 일을 통해 성취감을 추구한다.

그렇다면, 일을 하는 가장 궁극적인 이유는 무엇인가? 매슬로우의 욕구단계설과 마찬가지로 자아실현이라고 말할 수 있다. 그리고 일을 통한 자아실현은 보람이라는 다른 말로 표현할 수 있다.

가치 있는 일을 하면 보람을 느낀다. 타인과 사회에 기여할 때도 보람을 느낀다. 자신의 존재가치를 실현하고 있다는 느낌을 받을 때도 보람을 느낀다. 그런 점에서 일을 통한 보람 찾기는 자아실현과 동의어라고 할 수 있다.

　매슬로우의 욕구단계설과는 달리, 김현곤의 일의 욕구단계설은 역피라미드형이다. 그 이유는 심플하다. 위로 올라갈수록 일을 하는 이유가 되는 욕구의 중요성과 의미가 더 커진다는 사실을 비주얼로 표현한 것이다.

내 일이 없으면 내일도 없다

인생 후반전 종합설계도의 허브는 일

　건물을 지으려면 설계도가 필요하다. 높고 큰 건물일수록 설계
도는 더욱더 중요해진다. 그런데 건축물의 설계도에서 가장 중요
한 것은 무엇일까? 물론, '정답은 이것이다'라고 한 가지로 말하기
는 쉽지 않을 듯싶다.

　그런데 필자는 서울-대구를 KTX로 왔다 갔다 하면서 정답에
관한 중요한 단서를 발견했다. 동대구역 바로 옆에는 1조 원짜리

대형건물이 들어서고 있다. 그 건물의 건축과정을 매주 지켜보면서 자연스럽게 깨달은 진리가 있다. 뼈대가 중요하다는 것이다. 그 건물은 어마어마하게 튼튼해 보이는 철근으로 한 층 한 층 구조물의 뼈대를 만들어 나가고 있다. 저 뼈대가 잘 완성되면, 그 안에 벽을 만들고 바닥과 천정을 만드는 것은 상대적으로 훨씬 쉬울 것이란 상상이 쉽게 된다.

우리들의 인생 후반전도 마찬가지일 듯싶다. 사람의 키는 2미터도 채 안되지만, 한 사람 한 사람이 살아가는 인생의 가치와 소중함을 생각해 보면, 우리 각자의 인생도, 인생 후반전도 하나의 거대한 건축물이라고 할 수 있다. 그렇다면 우리들 인생 후반전에서 가장 중요한 것은 무엇일까?

혹자는 건강이라고 한다. 맞는 말이다. 그런데 사람을 건축물로 친다면, 건강은 건축물의 토대에 해당한다. 그렇다면 건축물의 뼈대에 해당하는 것은 뭘까? 일이다.

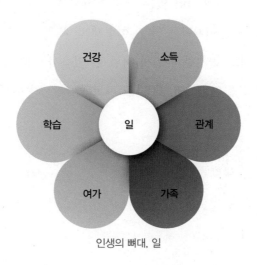

인생의 뼈대, 일

그렇다. 인생 후반전 종합설계도의 허브는 일이다. 일이 있어야
일상생활을 지탱해 줄 소득도 생기고 관계도 생긴다. 일이 있어야
가족도 지원할 수 있고 여가도 의미가 있다. 배움도 일을 통해 더
욱더 촉진할 수 있고, 건강도 일을 통해 유지할 수 있다.

인생 전반전에도 일은 중요했지만, 전혀 그렇지 않을 것 같은
인생 후반전에 일은 더욱더 중요해진다. 일이 없으면 인생이라는
건축물의 뼈대가 없어지기 때문이다. 특히 인생 후반전에 일이 없
으면, 인생 후반전이란 건물이 통째로 내려앉을 수도 있다.

내 일이 내일을 만든다

내 일이 없으면 정말 내일이 없다. 내 일이 없으면 행복한 인생
후반전은 꿈도 꿀 수 없다. 그 이유는 너무도 명확하다.

첫째로, 우리에게 남아 있는 인생 후반전은 길고도 길기 때문이
다. 못해도 50년~60년은 된다. 이렇게 긴 세월을 아무런 일도 없
이 쉬기만 하고 놀기만 하면서 지낼 수 있을까? 불가능하다. 1~
2년이라면 모를까, 50년, 60년을 쉬고 놀기만 하면서 보내는 것

내 일이 내일을 만든다

은, 살아있는 인간인 이상 불가능하다.

둘째로, 일을 해야만 얻을 수 있는 너무도 소중한 것들이 있기 때문이다. 일을 하면 소득을 얻고, 성취감을 느끼고 보람도 느낄 수 있다. 건강과 관계도 유지할 수 있다. 열심히 일을 한 후에 쉬기 때문에, 휴식과 여가의 즐거움과 행복감을 더 만끽할 수 있다. 이처럼 살아가면서 우리에게 가장 소중한 이러한 가치들은 일을 함으로써 보다 쉽게 얻을 수 있는 것들이거나 일을 해야만 얻을 수 있는 것들이다. 내 일이 없으면, 소득도 성취감도 보람도 없다. 건강도 관계도 여가도 만끽하기 어렵다.

내 일이 없으면 내일도 없다. 역으로, 내 일이 내일을 만든다.

04 돈은 계란,
일은 암탉

돈과 일의 관계

돈은 일을 낳지 못하지만, 일은 돈을 낳는다

어릴 때 들었던 황금 알을 낳는 암탉에 관한 우화를 한번 떠올려 보자.

"매일 하나씩 황금 알을 낳는 암탉을 가진 어느 농부 부부의 이야기다. 어느 날 그 농부 부부는 갑자기 욕심이 났다. 하루에 한 알씩이 아니라 한꺼번에 많은 황금 알을 가지고 싶었다. 그래서 암탉의 배를 갈랐다." 그 이후의 얘기는 할 필요도 없을 것이다.

인생 후반전을 위해 이제는 재테크가 아니라 일테크를 해야 한다. 돈은 계란이다. 좋게 얘기하면 황금 계란이다. 그러나 계란은 계란일 뿐이다. 먹고 나면 없어지고 만다. 돈만 준비하면 충분하기에는 우리 인생은 너무 길어져 버렸다.

평균 수명 100세 시대, 장수인생 120세 시대에 우리에게는 계란이 아니라 계란을 낳는 암탉이 필요하다. 기나긴 인생을 살아가기에는, 돈만으로는 부족하다. 왠지 불안하다. 계속해서 계란을 낳는 암탉이 필요하듯, 나를 위해 지속적으로 돈을 낳아주는 일이 필요하다. 그래서 재테크가 아니라 일테크가 필요하다. 돈은 계란이고, 일은 암탉이다.

05 나의 강점 기반으로 일하자

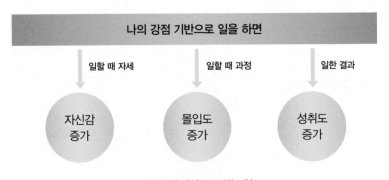

나의 강점 기반으로 일을 하면

일할 때 자세 | 일할 때 과정 | 일한 결과

자신감 증가 | 몰입도 증가 | 성취도 증가

나의 강점 기반으로 하는 일

강점 기반으로 일해야 하는 3가지 이유

"약점을 보완하려고 하기보다는 강점에 집중하라." 기업의 경쟁전략, 국가발전전략, 개인의 미래전략을 막론하고, 전략을 수립할때 전문가들이 수도 없이 반복하는 말이다. 맞는 얘기다. 자신의 약점을 보완하는 것보다는, 같은 시간에 같은 노력을 들여 자신의 강점을 강화하는 것이 훨씬 효과적이고 효율적이다.

일을 선택할 때도 마찬가지다. 자신의 일을 선택할 때는 자신의 강점을 기반으로 선택하는 것이 훨씬 유리하다. 당연하지만, 그래야만 하는 이유를 3가지만 들어 보자.

먼저, 자신의 강점을 발휘할 수 있고 자신이 잘할 수 있는 일을 할 때 당연히 자신감이 더 생긴다. 또한, 자신감이 생길 뿐만 아니라 일을 하는 과정에서도 몰입도가 훨씬 더 높아진다. 자신의 강점을 마음껏 발휘하면서 자신도 모르게 몰입하게 되는 것이다. 그뿐 아니다. 자신의 강점을 발휘할 수 있는 일을 하게 되면 결과적으로 성취도도 높아지게 된다.

자신감과 몰입도, 그리고 성취도의 증가. 자신의 강점을 발휘해서 자신이 잘할 수 있는 일을 할 때 얻을 수 있는 세 가지 커다란 혜택이다. 젊을 때와 달리, 사람은 나이를 먹으면서 많은 것을 경험하게 된다. 그리고 그 속에서 자기 자신을 점점 더 잘 알게 된다. 결과적으로 자신의 강점도 거의 확실하게 알게 된다.

그런 까닭에, 인생 후반기에는 자신의 강점에 기반을 둔 일을 찾기도 상대적으로 훨씬 수월해진다. 그러므로 인생 후반기에는 자신이 좋아하는 일을 하되 자신의 강점 기반으로 일할 수 있도록 하자.

06 나의 직업을 위한 올바른 질문방법

장난감에 관한 질문

아이들은 어떤 장난감을 좋아할까	VS	아이들에게 놀이란 무엇일까?

인생 후반전 일에 관한 질문

나는 어떤 일을 할까? 무슨 일을 하며 돈을 벌까?	VS	내 인생의 천직은 뭘까? 무슨 일을 해야 뿌듯할까?

현상질문과 본질질문

현상을 묻는 질문 vs 본질을 묻는 질문

좋은 답을 구하기 위해 우리가 할 수 있는 최고의 방법은 무엇일까? 좋은 질문을 던지는 것이다. 어떤 질문을 던지는가에 따라

답의 수준은 천양지차가 날 수 있다. 따라서 좋은 답을 구하고 싶거든 좋은 질문을 할 수 있도록 노력해야 한다.

그렇다면 좋은 질문이란 뭘까? 상황에 따라 좋은 질문의 내용은 달라지겠지만, 일반적으로는 눈앞의 일을 단기적으로 빠르게 처리하기 위해 현상을 묻는 질문이 아니라, 어떤 일의 근본적 해결을 생각하도록 본질을 묻는 질문이 좋은 질문이라고 할 수 있다.

예를 한번 들어 보자. 완구 회사가 새로운 장난감을 개발하기 위한 질문을 던진다고 가정해보자. 만일에 '아이들은 어떤 장난감을 좋아할까?'라는 질문을 던졌다고 해보자. 여러 가지 답을 할 수는 있겠지만 어떤 답이 왜 더 좋은 답이라고 말하기는 쉽지 않을 것이다. 왜냐하면 현상에 관한 질문만 던지고 답하기 때문이다.

그렇다면 장난감에 대한 직접적인 질문을 던지는 대신에, 만일 '아이들에게 놀이란 무슨 의미일까?' 또는 '아이들은 왜 장난감을 가지고 놀까?'라는 질문을 던졌다고 해 보자. 답을 하다 보면 재미, 즐거움, 도전 같은 키워드가 포함될 가능성이 높다. 장난감이 추구하고자 하는 본질적인 목적을 찾게 되는 것이다. 이러한 질문은 장난감의 본질에 관한 질문이라고 할 수 있다.

장난감에 관한 위의 질문은 장난감 회사 레고가 겪었던 실제 사례다. 디지털 게임기 때문에 매출이 속수무책으로 하락하던 레고는, 초기에는 '아이들은 어떤 장난감을 좋아할까?'라는 현상을 묻는 질문에만 집착했다. 하지만 해결책은 전혀 다른 질문에서 나왔다고 한다. '아이들에게 놀이란 무엇일까?'라는 놀이의 본질을 묻는 질문이 레고의 부활을 일구어낸 천금 같은 질문이었던 것이다.

일반적으로 현상에 관한 질문보다는 본질에 관한 질문이 더 좋은 질문이 된다. 더 좋은 답을 끌어내기 때문이다. 그렇다고 현상에 관한 질문이 무조건 나쁘다는 얘기는 아니다. 현상에 관한 질문을 던진다고 하더라도, 먼저 본질에 관한 질문을 던진 후에 하는 것이 바람직하다는 말이다. 이처럼 본질에 관한 질문을 먼저 던지고, 이에 기초해서 현상에 관한 질문을 던진다면 훨씬 나은 답을 구할 수 있는 가능성이 점점 커지게 된다.

일에 관한 현상을 묻는 질문 vs 일에 관한 본질을 묻는 질문

인생 후반부에서 어떤 일을 하면 좋을지에 대한 질문을 던지고 답을 구할 때도 마찬가지다. 일에 관한 현상을 묻는 질문보다는 일에 관한 본질을 묻는 질문을 먼저 던지는 것이 좋다.

예를 들어, 인생 후반전에 '어떤 일을 할까?' 또는 '무슨 일을 하면서 돈을 벌까?'라고 던지는 질문은 현상에 관한 질문이다. 질문에 대한 답은 구할 수 있다. 그러나 그것이 자신에게 적합하고 올바른 답인지 아닌지에 대한 판단기준이 없다. 현상에 관한 질문만을 던졌기 때문이다.

대신에 '내 인생의 천직은 뭘까?' 또는 '무슨 일을 해야 뿌듯할까?'라는 질문을 던졌다고 해보자. 내 인생의 지향점 또는 내 삶의 방향과 연관된 본질적인 질문을 던진 셈이다. 자신에게 적합한 일이 무엇인지에 대한 올바른 해답을 찾을 가능성이 훨씬 높아진다. 해답으로 찾은 일이 자신에게 적합한 올바른 답인지 아닌지에 대한 판단기준도 훨씬 명확해진다. 본질에 관한 질문을 던졌기 때문이다.

인생 후반전에 어떤 일을 할지에 대한 질문을 할 때는 이처럼 반드시 본질을 묻는 질문을 먼저 던지자. 그 후에 보다 구체적인 답을 구할 때, 현상을 묻는 질문이 도움을 줄 수 있을 것이다.

천직으로 통하는 3가지 직업

생업에서 천직까지

지구상에 존재하는 직업의 종류는 수만 가지가 된다고 한다. 그런데 이렇게 수많은 직업도 크게 3가지로 간략히 분류해 볼 수 있다. 생업과 전문직과 천직으로 구분하는 것이 그것이다.

우선 직업을 생계수단으로써만 선택할 때, 그것은 생업이 된다. 생업을 통해 기본적인 의식주를 해결하는 데 필요한 돈을 벌 수 있게 된다. 그런 점에서 지구상에 존재하는 모든 직업은 생업으로써의 성격을 기본적으로 포함하고 있다고 하는 것이 맞을 듯싶다.

다음으로 생계수단으로써의 직업을 넘어 자신이 가진 재능과 능력을 충분히 발휘할 때, 그 직업은 전문직이 된다. 일반적으로 대부분의 사람들은 전문직에 종사하고자 하는 열망을 가지고 있다.

이렇게 전문직도 나름 사람들의 선호대상이 되는 직업이지만, 가장 바람직한 직업은 천직으로서의 직업이다. 자기 삶의 지향점과 일치하고 자아실현에 충분히 기여할 때, 그 직업은 천직이 될 수 있다. 그러나 일반적으로 천직을 발견하는 것은 쉽지 않은 일이다.

세상에 존재하는 수많은 직업은 이렇게 생업, 전문직, 천직으로 크게 구분해 볼 수 있다. 내가 현재 가지고 있는 직업은 셋 중 어디에 속하는지 잠시 눈을 감고 한번 생각해 보자.

직업 선택의 바람직한 경로

운이 좋은 사람들은 처음부터 천직을 찾아 평생을 천직에 종사하는 경우도 있다. 그러나 이러한 경우는 극히 드물다. 대부분의 사람들은 자신의 직업을 생업에서 시작하거나, 전문직에서 시작하는 것이 보통이다.

그런데 생업과 전문직, 그리고 천직에 대해서 대부분의 사람들

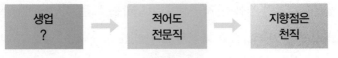

| 생업
? | → | 적어도
전문직 | → | 지향점은
천직 |

직업 선택의 경로

이 공통적으로 가지고 있는 생각이 있다. 생업보다는 전문직이, 전문직보다는 천직이 더 바람직하다는 사실이다. 그래서 사람들은 생업에 종사하다가도 전문직과 천직을 찾기 위해 부단히 노력하기도 한다. 그리고 전문직에 종사하다가도 자기 삶의 존재가치에 근본적인 질문을 던지면서 천직을 찾기 위해 노력하기도 한다.

왜 그럴까? 사람들은 왜 이렇게 생업에서 전문직으로, 전문직에서 다시 천직으로 이동하고 싶어 할까? 이유는 의외로 간단하다. 앞에서 설명한 매슬로우의 욕구단계설과 김현곤의 일의 욕구단계설을 떠올려 보면 쉽게 이해가 된다. 사람들이 일하고자 하는 욕구에도 계층관계가 존재하기 때문이다.

자신의 직업을 통해 생계수단을 해결하게 되면 사람들은 본능적으로 자신의 재능을 발휘하고 성취감을 얻고 싶어 한다. 생업을 넘어 전문직을 지향하는 이유다. 그리고 거기서 그치지 않는다. 직업을 통해 재능을 발휘하고 성취감을 얻게 되면, 다시 일을 하는 최상위 욕구로 이동하고 싶어 한다. 일을 통해 자아를 실현하고 보람을 추구하는 천직을 찾게 되는 이유다.

그래서 사람들은 생업에서 전문직을 찾아서, 다시 전문직에서 천직을 찾아 고민하고, 노력한다. 물론, 경우에 따라서는 전문직을 거치지 않고 생업에서 바로 천직으로 옮아가는 경우도 충분히

가능한 일이다. 그러나 일반적으로는 생업→전문직→천직으로의
이동이 바람직한 직업 선택의 이동경로라고 할 수 있다.

똑같은 직업이 생업도 천직도 될 수 있다

위에서 설명한 것처럼 평생을 통해 사람들이 직업을 선택하는
과정을 관찰해 보면, 생업에서 전문직으로, 전문직에서 천직으로,
또는 생업에서 바로 천직으로 옮아가는 것이 일반적이다. 그러나
생업, 전문직, 천직 간의 이동이 이렇게 시간의 경과를 통해서만
발생하는 것만은 아니다. 똑같은 하나의 직업에 종사하면서도 사
람에 따라서는 그 직업이 생업이 될 수도, 전문직이 될 수도, 천직
이 될 수도 있다. 왜 그럴까?

답은 간단하다. 바로 그 직업에 종사하는 사람의 마음가짐 때문

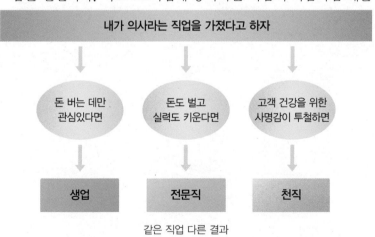

같은 직업 다른 결과

이다. 특정 직업을 가진 사람이 그 직업을 어떤 태도, 어떤 마음가짐으로 대하고 있는가에 따라 생업과 전문직과 천직이라는 엄청난 차이를 낼 수 있다.

위의 그림이 그 차이를 확실하게 보여 주고 있다. 의사라는 직업을 가진 사람이 있다고 해 보자. 만일 그 사람이 돈 버는 데만 관심이 있다면, 의사라는 전문직도 그 사람에게는 생업 수준에 불과하게 된다. 그리고 의사라는 직업을 통해 돈도 벌고 연구도 하면서 실력도 키운다면, 그 직업은 그에게 있어 명실상부한 전문직이 된다. 그런데 만일 이 사람이 사람들의 건강을 지켜주기 위한 사명감을 가지고 있고, 질병 치료와 예방에 대한 소명의식까지 투철하다면, 그 사람에게는 의사라는 직업이 곧 천직이 되는 것이다.

이렇게 똑같은 직업이라도, 그 직업에 대해 가지는 직업 종사자의 마음가짐과 태도에 따라서 생업이 되기도 전문직이 되기도 천직이 되기도 한다. 인생 후반부의 직업을 선택할 때 우리가 명심해야 할, 대단히 중요한 진리이다.

08 직업과 천직 선택의 3원칙

직업과 천직 선택의 3원칙

청춘의 직업 선택 vs 인생 후반부의 직업 선택

직업을 선택하는 것은 결혼상대를 선택하는 것만큼이나 중요하다. 자기 삶의 가장 중요한 일부가 되기 때문이다. 그렇게 중요함에도 불구하고 자신에게 맞는 직업을 선택하는 것은 참 어렵다.

고등학교나 대학을 갓 졸업하고 첫 직업과 첫 직장을 선택할 때는 더욱더 그렇다. 세상을 많이 체험해 본 것도 아니고, 해 본 것이라고는 알바 정도뿐인데 자신의 청춘과 젊음을 모두 투자하는 직장과 직업을 선택해야만 한다. 참 난감한 일이다.

이런 청춘에 비하면 인생 후반기에 직업을 선택하는 것은 상대적으로 쉬울 수 있다. 언뜻 보기에는 자신이 선택할 수 있는 직업과 직장이 청춘 때보다 줄어들어 보일 수는 있다. 하지만, 자신이 몇십 년간 축적해온 경험과 지식에 기초하기 때문에, 자기에게 보다 어울리는 직업을 선택할 수 있는 가능성은 상대적으로 훨씬 높아진다. 자기 자신에 대해 더 잘 알게 되었기 때문이다. 게다가 세상에 대해서도 더 잘 알게 되었기 때문이다.

청춘과 노년을 막론하고 자신의 직업을 선택할 때는 무엇이 가장 중요한 기준이 되어야 할까? 무엇보다도 먼저, 자신이 좋아하는 일이어야 한다. 또한, 자신이 잘할 수 있는 있는 일이면 더욱 좋다. 돈을 많이 벌고 적게 벌고는 그 다음의 문제다. 돈은 자연스럽게 따라오는 것이 최고다.

물론 자신이 좋아하는 일과 자신이 잘할 수 있는 일이 일치한다면 금상첨화다. 그렇지만 그런 경우는 결코 흔치 않다. 오히려 대부분의 사람들에게는 자신이 좋아하는 일과 자신이 잘할 수 있는 일은 서로 다른 일인 경우가 일반적이다. 이럴 때는 어떻게 해야 할까?

필자가 제안하고 싶은 답은 간단하다. 인생 전반전에는 잘하는 일에 좀 더 비중을 두고, 인생 후반전에는 좋아하는 일에 좀 더 비

인생 전반전 | 인생 후반전

좋아하는 일 | 잘하는 일 | 좋아하는 일 | 잘하는 일

좋아하는 일과 잘하는 일의 비중 조절

중을 두어서 직업을 선택하는 것이 합리적이지 않을까 싶다.

왜냐하면 일반적으로 인생 전반전과 인생 후반전에서 추구하는 삶의 가치가 서로 다르기 때문이다. 인생 전반전에서는, 사람들은 자신의 재능을 발휘해서 성취감을 맛보고 싶어 한다. 일을 잘해서 인정을 받고, 승진을 하고, 더 나은 수입을 얻고 싶어 한다. 이에 비해 인생 후반전에서는, 많은 사람들이 자신의 내면에 좀 더 집중하는 경향이 있다. 일을 통한 보람을 더 중시하고, 일의 의미와 자기 삶의 목적에 맞는 일을 하고 싶어 한다.

이런 이유로 자신이 원하는 일과 잘하는 일이 다를 경우, 인생 전반전에서는 잘하는 일을 좀 더 우선시하고, 인생 후반전에서는 좋아하는 일을 좀 더 우선시하는 것이 자기 삶의 단계에 맞는 합리적이고 자연스런 직업 선택의 기준이 아닐까 싶다.

직업과 천직 선택의 3원칙: 관심×재능×수요

위에서는 원하는 일과 잘하는 일이 일치하기 힘들 경우의 직업 선택 방법에 대해 생각해 보았다.

자, 이제 직업 선택의 원칙을 좀 더 일반화하여 보자. 누구에게나 어떤 경우에나 적용할 수 있는 직업 선택의 원칙이 있다면, 그건 어떤 것일까? 필자는 직업 선택의 3원칙을 제안하고 싶다. 자신이 좋아하는 일, 자신이 잘할 수 있는 일, 돈을 벌 수 있는 일의 3박자를 모두 갖춘 일을 찾는 것이다. 한마디로 자신의 관심, 자신의 재능, 시장의 수요 간의 교집합을 찾는 것이다.

직업 선택의 3원칙을 실천하는 방법은 의외로 간단하다. 우선, 자신이 좋아하는 일들을 생각나는 대로 죽 리스트업해 본다. 이어서 자신이 잘할 수 있는 일들도 생각나는 대로 죽 리스트업해 본다. 이렇게 리스트업된 좋아하는 일과 잘할 수 있는 일 중에서 돈 벌 가능성이 있는 일들은 어떤 것이 있을까 체크해 본다.

비록 치밀하고 정밀한 작업은 아니지만, 직업 선택의 3원칙에 부합하는 일들을 이렇게 열거하고 교집합을 찾아보는 작업은 자신에게 부합하는 직업과 자신의 천직을 찾아가는 중요한 출발점이 될 수 있다.

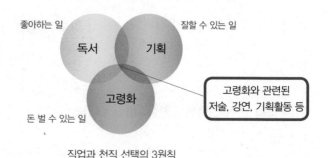

직업과 천직 선택의 3원칙

필자의 경우를 가지고 간단한 예를 한번 들어 보자. 필자가 가장 좋아하는 일은 독서다. 필자가 가장 잘할 수 있는 일은 기획이다. 필자가 돈을 벌 수 있다고 생각한 최근의 영역은 고령화분야다. 그래서 필자가 좋아하는 독서와 필자가 잘할 수 있는 기획과 필자가 돈을 벌 수 있는 고령화 간의 교집합을 찾아보았다. 고령화와 관련된 저술, 강연, 기획, 컨설팅활동 등이 필자가 선택할 수 있는 좋은 직업군으로 나타났다. 이 책을 쓰고 있는 것도 실은 그런 발견의 결과 중 하나다.

나의 천직을
발견하는 방법

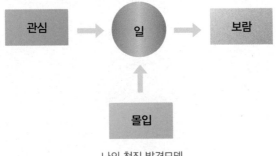

나의 천직 발견모델

나의 천직 찾기 방법 ①: 투입-프로세스-산출 모델

　그렇다면 나의 천직은 어떻게 찾을 수 있을까? 누구나 동의하겠
지만 자신의 천직을 찾는다는 것은 결코 쉬운 일이 아니다. 그러
나 체계적으로 천직을 찾는 노력을 기울이고 시간을 투자한다면,
결코 어려운 일도 아니다.

이 책에서는 천직을 찾아가는 몇 가지의 방법을 소개한다. 그 중에서 한 개를 택해도 좋고, 책에서 소개하는 모든 방법을 다 활용해 보는 것도 좋다. 어쨌든 나의 천직을 찾기 위해, 나와 궁합이 맞을 것 같은 방법을 선택해서 시도해 보기를 권하고 싶다.

인생에서 가장 중요한 것을 찾기 위해 톨스토이가 3가지 질문을 던졌듯이, 나의 천직을 찾기 위해 먼저 가장 중요한 3가지 질문을 한 번 던져 보고 답해 보기로 하자.

질문 1 : 내가 가장 원하거나 좋아하는 일은 무엇인가?
질문 2 : 내가 가장 몰입하는 일은 무엇인가?
질문 3 : 내가 가장 보람을 느낄 수 있는 일은 무엇인가?

첫 번째 질문은 자신이 가장 좋아하거나, 관심 있는 일을 찾기 위한 질문이다. 가능하면 자신이 원하고 좋아하는 일을 찾자.

두 번째 질문은 자신도 모르게 집중하고 몰입하는 일에는 어떤 것들이 있는지를 찾는 질문이다. 자신이 쉽게 집중할 수 있고 몰입할 수 있는 일일수록 자신이 잘하는 일이고, 따라서 평생 천직이 될 가능성이 높은 일임에 틀림없다.

세 번째 질문은 나 자신이 다른 일을 할 때와 비교해서 성취감, 가치, 보람을 더 크게 느낄 수 있는 일이 무엇인가를 찾는 작업이다. 보람을 더 많이 느끼는 일일수록 자신의 천직에 가까운 일이 될 가능성이 높다.

그런데 일에 관한 위의 3가지 질문은 실은 서로 밀접히 연결되어 있는 질문들이다. 내가 관심 있는 일일수록 나를 더 끌리게 만든다. 그리고 그 일을 선택하면 몰입도가 높아지는 것이 당연하다. 결과적으로 그런 일을 할수록 더 큰 보람도 맛볼 수 있다.

결국 일에 관한 3가지 질문은 일에 관한 관심, 일에의 몰입, 일을 통한 보람이라는 투입-프로세스-산출과 각각 매칭된다. 그런 점에서 일에 관한 위의 3가지 질문은 곧 나의 천직을 찾는 '**투입-프로세스-산출 모델**'이라고 할 수 있다.

나의 천직 찾기 방법 ②: 아리스토텔레스 모델

천직 찾기는 이미 2천5백 년 전부터 철학자들의 화두이기도 했다. 그중에서도 아리스토텔레스가 말한 천직 찾기 방법이 단연 압권이다. 나의 천직은 어디에 있는가? 아리스토텔레스에 의하면 교차로에 있다고 한다. 나의 천직은 나의 재능과 세상의 필요라는 두 길이 만나는 교차로에 있다고 했다. '**나의 재능과 세상의 필요가 만나는 교차로**' 나의 천직이 있는 곳을 설명하는 참 멋진 설명이다.

이 방법을 따라서 나의 천직을 한번 찾아보자. 우선, 나의 재능을 길 위에 죽 리스트업해보자. 그리고 이어서 나의 재능과 관련 있을 듯한 세상의 필요들을 대각선의 길 위에 또 죽 리스트업해보자. 그리고는 이들 두 길의 교차로에서 만나게 될 듯한, 나의 재능과 세상의 필요 사이의 교집합을 찾아보자. 나의 천직에 관한 힌트는 그 교차로의 어딘가에 있을 가능성이 대단히 높다.

나의 천직을 찾는 아리스토텔레스 모델을 현대적으로 해석해 보면, **'재능-수요 교집합 모델'**이라고도 부를 수 있다.

아리스토텔레스 모델

이때 유의할 점이 하나 있다. 재능은 천부적인 소질, 천재적인 능력만을 의미하는 것이 결코 아니라는 점이다. 천부적인 소질이나 천재적인 능력은 극히 일부의 천재나 대가에게나 있는 것이다. 그렇다면 보통사람들에게 있어 재능이란 무엇을 의미하는가? 재능은 **'열정을 가지고 지속할 수 있는 힘'**을 의미한다. 왜냐하면 보통사람의 경우, 열정을 가지고 지속하다 보면 보통 이상의 재능이 만들어지기 때문이다.

꼭 기억하자. 재능은 결코 천재적인 능력이 아니다. 열정을 가지고 지속할 수 있는 힘이다. 이 사실을 명심하면서 나의 천직을 찾는 아리스토텔레스 모델을 활용해 보자.

나의 천직 찾기 방법 ③: 자기&세상 분석 모델

아리스토텔레스에 따르면 나의 천직은 나의 재능과 세상의 필요라는 두 길이 만나는 교차로에 있다고 했다. 천직을 찾는, 단순하면서도 강력한 방법이다. 이번엔 아리스토텔레스 모델과 유사하면서도 약간은 다른 또 하나의 모델을 생각해 보자. 자기&세상 분석 모델이다.

자기&세상 분석 모델

자기&세상 분석 모델은 자기 자신을 분석하고 세상의 흐름을 분석해, 자기분석과 세상분석의 교집합 영역에서 나의 천직을 발견해나가는 모델이다. 아리스토텔레스 모델에 비해 조금 더 분석적이고 체계적으로 나의 천직을 찾아나갈 수 있는 장점이 있다.

자기분석의 방법에는 여러 가지가 있다. 예를 들면, 자신의 장점, 자신의 자랑스러운 습관, 자신이 행복할 때, 자신이 하고 싶은 것에 관해 각각 20~25개씩을 리스트업해서 자기제품명세서를 만들어 분석하는 방법이 있다. 자기제품명세서는 자기 자신에 관해 좋은 점, 특장점만을 리스트업한 자기 분석 기록이다. 한마디로, 자신의 강점에 기반을 둔 자기분석 방법이라고 할 수 있다. 적성검사, 성격유형검사 등의 측정방법을 통해 자기를 분석하는 방법도 있다. 보다 객관적으로 자신의 성격유형, 스타일, 적성 등을 파악할 수 있는 장점이 있다. 그 외에 자신에 대한 다른 사람들의 평가의견이나 코멘트 등도 잘 수집하면 자기분석을 위한 유익한 자료가 될 수 있다.

자기분석에 비해 세상분석의 방법과 범위는 폭넓고 다양하다. 따라서 세상분석의 대상과 범위를 줄여 집중시킬 필요가 있다. 무엇보다도 먼저, 세상의 메가트렌드를 읽는 것이 중요하다. 기술적인 메가트렌드, 인간중심의 메가트렌드, 직업관련 메가트렌드를 우선 파악하는 것이 필요하다. 그리고 안정적으로 세상을 분석하기 위해서는 부단히 변하는 메가트렌드와 변치 않는 메가트렌드를 구분해서 파악하는 것도 대단히 중요하다. 또한, 메가트렌드를 중심으로 세상의 흐름을 분석할 때는 자신의 관심, 흥미, 재능, 보람 등과 관련된 흐름에 집중해서 분석하는 것도 중요하다.

이렇게 자기분석과 세상분석을 충분히 해 본 후에는 자기분석과 세상분석 결과 간의 교집합 영역을 잘 식별하는 작업이 필요하다. 그 교집합 영역이야말로 자신의 천직을 찾는 데 결정적인 단서가 되는 정보일 가능성이 높기 때문이다.

나의 천직 찾기 방법 ④: 자기발견-천직발견 모델

나의 천직을 찾기 위해 위에서 소개한 3개의 방법들은 나름대로

의 장점을 가지고 있다. 관심이 있고 몰입할 수 있고 보람을 찾을
수 있는 일을 찾는 투입-프로세스-산출 모형은 관심-몰입-보람
의 3개 판단기준을 통해 천직을 찾는다. 아리스토텔레스 모형은
나의 재능과 세상 수요 간의 교집합 모델이다. 그리고 자기&세상
분석 모형은 자기분석과 세상분석의 교집합 영역에서 나의 천직
을 발견해나가는 모델이다.

자기발견-천직발견 모델

　여기서는 나의 천직을 찾는 또 하나의 방법을 소개한다. 제3장
자기 찾기에서 설명한 '자기를 발견하는 3가지 방법'의 결과물을
그대로 활용하는 방법이다. 그럼 구체적인 방법을 간략히 설명해
보자. 제3장의 관련부분과 위의 그림을 참고하기 바란다.
　위 그림의 맨 왼쪽에 있는 것처럼 우선 강점 기반의 자기발견
결과를 체크해 본다. 그리고 강점 기반의 자기발견 내용을 여러

번 반복해서 읽으면서 그에 부합하는 천직후보군을 생각나는 대로 적어 본다.

그리고 이와 똑같은 작업을 평가 기반의 자기발견 결과와 탐험 기반의 자기발견 결과에 대해서도 반복한다. 다시 말해, 평가 기반의 자기발견 내용을 여러 번 반복해서 읽으면서 그에 부합하는 천직후보군을 생각나는 대로 적어보고, 탐험 기반의 자기발견 내용을 바탕으로 똑같은 작업을 해 본다.

이렇게 해서 도출된 3가지 그룹의 천직후보군은 나의 천직을 찾는 데 결정적인 도움을 줄 수 있다. 어쩌면 그 후보군 중에 나의 천직이 이미 들어있는지도 모른다.

습관 만들기

: 인생 르네상스를 위한
자기경영

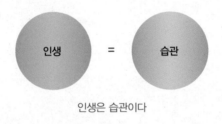

인생 = 습관

인생은 습관이다

아리스토텔레스의 퀴즈: 나는 누구일까요?

인생철학에 관한 퀴즈학교의 원조는 그리스의 철학자 소크라테스(BC. 469~BC. 399)라고 할 수 있다. 끊임없는 질문을 통해 진리를 찾아가는 소크라테스의 문답법은 지금도 변함없이 유익한 해답 도출방법이다. 문답법은 제자 플라톤(BC. 428~BC. 348)으로 이어지고, 소크라테스보다 약 80여 년 뒤에 태어나 '인간은 사회적 동물이다'라는 유명한 명언을 남긴 아리스토텔레스(BC. 384~BC. 322)

도 플라톤 학교에서 수학했기 때문에 당연히 문답법에 관해 정통했을 법하다. 이렇게 보면 소크라테스, 플라톤, 아리스토텔레스는 2,300여 년 전에 이미 '멋진 질문이 가진 무한한 힘'을 터득한 셈이다.

좋은 질문이 가진 무한한 힘을 염두에 두고, 철학자 아리스토텔레스가 남긴 유명한 퀴즈를 한번 풀어 보자. '나는 누구일까요?'라는 타이틀을 붙일 수 있는 그 퀴즈의 내용은 아래와 같다.

나는
모든 위대한 사람들의 하인이고
실패한 사람들의 주인입니다.
위대한 사람들은 사실
내가 위대하게 만들어 준 것이고
실패한 사람들도 사실
내가 실패하게 만들었습니다.

이 퀴즈의 답은 무엇일까? 나는 강연을 다니면서 지난 몇 년 동안 청중들에게 한결같이 이 질문을 던져 보았다. 정답을 맞춘 사람에게는 내가 쓴 책을 선물로 주기도 한다. 답은 각양각색이다. 시간이라는 사람도 있고, 마음이라고 답하는 사람도 있다. 독서, 집중, 성실…. 수많은 대답이 들려온다. 위의 퀴즈에 대해 독자 여러분이 생각하시는 정답은 무엇인지 궁금하다. 이 글을 읽으면서 혼잣말로 한번 답을 말씀해 보시면 좋겠다.

이 글을 읽는 독자가 생각한 답을 포함해서 사람들이 제시한 수많은 대답들이 틀린 답은 아니다. 정답과 비슷한 유사정답이라고 할 수 있다. 그런데 과연 아리스토텔레스가 정답으로 인정한 나란 무엇일까? 답은 '습관'이다. 자, 정답을 넣어서 다시 한 번 아리스토텔레스의 퀴즈를 읽어보자.

습관은
모든 위대한 사람들의 하인이고
실패한 사람들의 주인입니다.
위대한 사람들은 사실
습관이 위대하게 만들어 준 것이고
실패한 사람들도 사실
습관이 실패하게 만들었습니다.

성공하고 싶다면, 아리스토텔레스의 퀴즈를 기억하고 늘 마음에 새겨두자. 성공은 습관이다. 인생도 습관이다.

나의 미래모습은 나의 현재습관이다

사람은 누구나 자신의 미래에 대해 알고 싶어 하는 욕망을 본능적으로 가지고 있다. 그래서 점을 보기도 하고, 미신에 가까운 다양한 방식으로 자신의 미래를 알려는 시도도 한다. 그런데 아이러니컬하게도 사람들은 미래에 대해서는 정작 막연한 이미지만 가지고 있는 것이 일반적이다. 미래는 현재와 뭔가 다를 것이라고 막연하게 생각하곤 한다.

그러나 자신의 미래를 알 수 있는 가장 쉽고도 체계적이면서 확실한 방법이 있다. 자신의 현재모습을 보고 그 이미지를 분석해 보면, 자신의 미래모습을 매우 정확하게 예측할 수 있다. 자신의 현재모습을 분석하여 자신의 미래모습을 알 수 있다는 것은 너무 쉬운 방법이라 많은 사람들이 간과하곤 한다. 그러고는 먼 데서 답을 찾으려고 한다.

나의 미래모습은 나의 현재습관이다

그러나 곰곰이 생각해 보자. 나의 현재모습의 정체는 무엇인가? 냉정히 생각해 보면 '나의 현재모습은 지나온 과거에 내가 만들어 놓은 과거습관의 결과물'이다. 이 말이 맞다면, 나의 미래모습의 정체도 마찬가지로 정의할 수 있다. '나의 미래모습은 지금 내가 만드는 나의 현재습관의 결과물'이다.

미래는 무엇인가? 시간의 개념으로만 미래를 정의한다면, 현재의 시간이 흐르고 쌓여 미래가 된다고 할 수 있다. 그렇다면 현재를 자세히 들여다보면 미래의 많은 부분을 볼 수 있는 셈이다.

그런데 사람과 인생을 대상으로 그 현재를 자세히 들여다본다는 것의 대부분은 아마도 그 사람의 현재의 습관을 자세히 들여다보는 것과 크게 다르지 않을 것이다. 그런 점에서 자신의 미래모습은 자신의 현재습관이라는 진리가 성립하는 것이다. 자신의 미래모습은 자신의 현재습관이다. 자신의 인생도 결국 자신의 습관의 결과물이다.

인생은 새옹지마다. 인생은 예술이다. 인생은 …다. 인생을 표현하는 수없이 많은 명언들이 있지만, 인생은 습관이다. 잘 보이지 않는 우리 인생을 잘 보이게 하고 싶거든 우리의 습관을 모아보면 된다. 우리 인생은 우리 습관의 덩어리다. 인생 후반전도 마찬가지다.

02 100세 시대, 평생현역을 위한 7가지 습관

평생현역을 위한 7가지 습관

인생 후반전을 위한 새로운 습관 만들기

나이 50살이 넘어서 새로운 습관을 만든다? 웃을 수도 있다. 그러나 인생은 곧 습관이라는 말을 믿는다면 결코 웃어넘길 수 없는 일이다.

좋은 습관은 어릴 때만 만드는 것이 아니다. 인생의 어느 단계에 있든지 그때그때 필요하면 새로운 좋은 습관을 만드는 것이 좋다. 좋은 습관은 평생을 걸쳐 새롭게 꾸준히 만들어 나갈수록 좋다. 인생은 곧 습관이므로, 더 좋은 인생을 만들려면 더 좋은 습관을 끊임없이 만들어야 하기 때문이다.

인생 후반전에 있어서 새로운 좋은 습관의 중요성은 더욱 크다. 인생 후반전은 인생의 르네상스를 새롭게 맞이할 수 있는 절호의 기회다. 인생을 다시 시작할 수 있는 더없이 좋은 기회다. 그래서 좋은 습관이 더욱 중요하다.

100세 시대의 인생 후반전은 우리가 전혀 예상하지 않았음에도 50년, 60년이나 되는 새로운 인생을 선물 받은 것이나 마찬가지다. 그렇다면 50년~60년에 달하는 기나긴 인생 후반전을 본격적으로 시작하기 전에, 새로운 좋은 습관을 만들어 두는 것이 바람직하다. 인생 전반전보다 더 나은 인생 후반전을 위해.

평생직업, 평생현역을 위한 7가지 습관

달성하고자 하는 목적에 따라 좋은 습관의 종류는 수도 없이 많다. 그러나 여기서는 일과 관련된 습관에 대해서만 소개하고 싶다. 스티븐 코비는 성공하는 사람들의 7가지 습관을 소개한 적이 있다. 마찬가지 맥락에서 인생 후반전에 평생현역으로서 성공적으로 일하기 위해 필요한 좋은 습관들을 소개하고자 한다.

첫 번째로 소개하고 싶은 두 개의 습관은 인생 후반전을 잘 살아가기 위해 가장 기초가 되는 습관이다. 건강 만들기 습관과 인성 만들기 습관이다. 건강해야 자신이 원하는 만큼 일을 할 수 있다. 건강은 모든 활동의 기초다. 또한 인성이 좋아야 사람들 속에서 좋은 관계를 형성하면서 일을 할 수 있다. 그런 점에서 인성 또한 모든 활동의 또 다른 기초다.

두 번째로 소개하고 싶은 두 습관은 평생현역으로서 일하는 데 필수적으로 요구되는 역량을 쌓기 위해 필요한 기초습관이다. 학습습관과 시간관리 습관이 바로 그것이다. 평생직업, 평생현역의 시대에는 죽을 때까지 끊임없이 배우지 않으면 도태된다. 그런 점에서 평생학습 시대는 평생현역 시대의 또 다른 표현이다. 또한 변화와 속도의 시대에 평생현역으로 일하려면 시간관리 습관을 제대로 확립하는 것도 더없이 중요하다. 초등학교 1학년 어린이로 다시 돌아간 기분으로 학습습관과 시간관리 습관을 다시 배우도록 하자.

건강습관, 인성습관, 학습습관, 시간관리 습관. 이 4가지의 습관은 평생현역을 위한 기초토대가 되는 습관이다. 그리고 이에 더해서, 21세기 무한경쟁 시대에 인생 후반전에도 평생현역으로 일하기 위하여 필요한 3가지 공통역량을 길러야 한다. 앞에서 말한 기본습관의 토대 위에서, 공통역량을 기르기 위한 습관을 만들어 나가자. 커뮤니케이션 역량, 문제해결 역량, 서비스 역량을 기르기 위한 습관들이 바로 그것이다.

100세 시대 평생현역을 위한 7가지 습관을 다시 한 번 간단히 요약해 보자. 우선, 인생 후반전을 살아가기 위한 기본습관으로 건강 만들기 습관과 인성 습관이 필요하다. 그리고 이에 더해서 인생 후반전에 지속적으로 일을 해나가기 위해 필수적으로 요구되는 습관인 학습 습관과 시간관리 습관을 몸에 익히자.

게다가 평생현역으로서 성공적으로 일하는 데 필요한 3가지 공통역량인 커뮤니케이션 역량, 문제해결 역량, 서비스 역량을 기르기 위한 습관까지 잘 만든다면 금상첨화다. 그렇게 되면 우리의 100세 인생은 성공적이면서도 행복한 평생현역 인생이 될 것이라 믿는다.

03 건강: 건강해야 인생 후반전도 있다

건강해야 인생 후반전도 있다

건강이 중요하다는 것은 누구나 다 안다. 그러나 건강을 지키기 위한 좋은 습관을 만들어 매일 실천하는 사람은 그리 많지 않다. 습관이라는 것이 그런 것 아닐까. 좋은 습관인 줄은 알고 있는데도 그 습관을 실천하는 것은 생각보다 어렵다.

젊은 시절에는 건강을 위한 별도의 습관이 없었다고 치자. 그래도 젊었으니까 건강을 위한 습관이 있고 없고의 차이를 별로 못 느꼈을지도 모른다. 그러나 인생 후반전에 접어드는 지금부터는 전혀 다르다. 건강하고 안 하고에 따라서 천지차이가 날 수 있다.

건강한 사람이라도 나이가 들면 조금씩 체력이 떨어지고 근력도 줄어들고 빨리 지치게 되는 것이 보통이다. 그런데 우리는 100세를 훨씬 넘어 살 가능성이 점점 높아지고 있다. 100살을 넘게 사는 자신을 부양하기 위해서는 최소한 100세까지는 일하게 될 가능성도 높다.

자신이 100세까지 일하는 모습을 스스로 한번 상상해 보자. 얼마나 건강한 모습으로 100세까지 일할지도 같이 상상해 보자. 100세까지 건강한 모습으로 활기차게 일하는 자신의 모습을 상상하는 것이 그렇게 쉽지는 않다는 걸 느낄 수 있을 것이다.

그럼에도 불구하고 우리는 적어도 100살까지는 일해야만 하는 무지막지한 시대로 접어들고 있다. 그래서 최소한 100살까지는 건강한 자신을 만드는 것이 다른 무엇보다도 최우선적으로 해야 할 일이다. 따라서 지금부터는 건강한 나를 만드는 습관에 관한 계획을 제대로 세워서 매일매일 정성스럽게 실천하도록 하자.

① 걷기

건강을 위해 가장 쉽고도 효과적으로 실천할 수 있는 방법은 걷기다. 걷기는 아무 도구도 필요 없다. 돈도 들지 않는다. 아무 때나 걷고 싶을 때 걸으면 된다. 혼자서 걸어도 된다. 걷는다는 것이 이렇게 쉬운 거지만 걷는 것을 습관화해서 매일매일 실천하는 것은 생각보다 쉽지 않다. 이제는 다른 모든 것에 우선해서 걷자. 적어도 매일 한 시간은 걷자.

걷는 것은 그냥 걷는 것만으로 많은 것을 준다. 신체적, 정신적 건강을 주고, 활력과 에너지를 준다. 자세를 바르게 만들 수 있다. 여유를 준다. 자연스럽게 생각할 기회를 준다. 몸과 마음을 같이 움직이게 만들어 준다. 걷는 것의 혜택은 이렇게 끝이 없다.

저녁 식사를 하자마자 자신에게 물어보자. '나는 오늘 한 시간 이상을 걸었는가?' 걸었다면 자신을 칭찬해 주자. 걷지 않았다면 당장 편한 신발을 신고 나가서 한 시간은 걷고 들어오자.

② 자연친화

나이가 든 뒤 친구를 한 명만 고르라면 자연을 고르라고 권하고 싶다. 자연은 말이 없지만 최고의 친구가 될 수 있다. 말이 없으나 조용히 많은 것을 말해 주는 최고의 친구다. 다가가기만 해도 얻을 것이 참 많은 친구이자 코치이자 스승이자 해결사다.

자연과 친해지는 것도 걷기만큼이나 쉽고도 효과적인 건강습관이다. 특히 대한민국은 온통 아름다운 자연으로 둘러싸여 있는 혜택 받은 나라다. 전 국토의 3분의 2가 산이다. 밖을 나가면 곧 자연이다. 자연은 24시간 내내, 일 년 사시사철, 백 년, 천 년이 지나도 묵묵히 그 자리를 지키며 우리가 오기를 기다리는 최고의 친구다.

자연에 들어서면 어릴 적 어머니의 품처럼 편안하다. 녹음과 단풍이 아름답다. 겨울의 벌거벗은 나무조차도 자연은 아름답다. 편안함, 휴식, 고요함, 신선함, 자연스러움, 아름다움을 느끼게 한다. 자연 속에 있으면 건강해질 수밖에 없는 이유다.

자연 속에서 걸으면 일거양득이다. 걸어서 건강해지고 자연 속에 있어 더 건강해진다. 자연은 실은 건강만 주는 것이 아니다. 신체와 정신을 재충전시켜 준다. 몸과 마음에 신선한 에너지를 채워 준다. 자연은 우리에게 신선한 아이디어와 통찰력을 번득이게 만든다.

③ 웃기

웃음은 보약이라고 한다. 그만큼 웃음이 건강에 좋다는 말이다. 웃는 것만으로도 걷고 운동하는 것 이상으로 우리를 건강하게 만들어 준다. 웃음은 걷기처럼 돈이 전혀 들지 않는다. 아무것도 필요 없다. 그냥 웃을 수 있는 마음의 준비만 있으면 된다. 혼자서도 웃을 수 있다. 언제든지 웃을 수 있다. 웃으면 복이 온다고 한다. 계속해서 웃으면 인상도 밝아지고 좋아진다. 인생 후반전의 취업에도 인간관계에도 유리할 수밖에 없다.

④ 긍정습관

걷기 습관, 자연친화 습관, 웃는 습관은 듣기만 해도 건강을 위한 습관이라는 생각이 절로 든다. 그런데 언뜻 보기에는 건강 습관처럼 보이지 않지만, 정말로 중요한 건강습관을 하나 더 소개하고 싶다. 바로 긍정습관이다.

긍정습관이란 뭘까? 한마디로 모든 것의 긍정적인 측면을 먼저 생각하는 습관이다. 모든 것에는 플러스 측면과 마이너스 측면이 같이 있다고 한다. 예를 들어, 모든 사람에게는 장점도 있고 단점도 있다. 모든 사물에는 좋은 점도 있고 나쁜 점도 있다. 긍정습관은 단점보다는 장점을 먼저 보는 습관이다. 나쁜 점보다는 좋은 점을 먼저 생각하는 습관이다. 마이너스보다는 플러스를 먼저 생각하는 습관이다. 한계보다는 가능성을 먼저 떠올리는 습관이다.

말은 쉽지만 긍정습관을 실천하는 것은 실제로는 쉽지 않다. 그렇지만 지금부터는 매일매일 긍정습관을 습관으로 만들어 보자.

나쁜 일을 당했는가? 그래도 그중에서 좋은 건 무엇인지 한번 생각해 보자. 동료가 너무 미워 보이는가? 그래도 그 동료의 좋은 점과 장점이 무엇인지 한 번 더 생각해 보자.

04 인성: 인생을 위해 다시 한번 인성을

인생을 위해 다시 한번 인성을 되돌아보자

인성이란 뭘까? 한마디로 그 사람의 특징이다. 어떤 사람 하면 떠오르는 이미지라고 할 수 있다. 가게에서 파는 물건조차도 품질 못지않게 이미지나 디자인이 대단히 중요하다. 이미지는 첫인상이기 때문이다. 하물며 사람은 어떻겠는가?

인성은 무엇으로 구성되어 있을까? 한마디로 딱 표현하기가 쉽지 않다. 인성이란 것이 대단히 추상적인 개념이기 때문이다. 따라서 인성을 이루는 구체적인 구성요소들을 식별해서 표현해 보는 것이 인성을 파악하는 좋은 방법이 될 수 있다.

인성의 구성요소는 겉으로 드러나 보이는 요소와 겉으로는 잘 드러나지 않는 요소로 구분해 볼 수 있다. 표정이나 태도는 겉으로 드러나는 인성 요소들이다. 이에 비해 덕성이나 윤리 같은 것은 겉으로는 잘 드러나지 않는 인성 요소들이다.

겉으로 드러나든 드러나지 않든, 인성은 인생을 위해 정말 중요하다. 사람은 사회적 동물이고, 인성은 사람이 사회적 동물로 살아가는 데 있어 가장 기본적인 자질이기 때문이다. 새로운 인성습관들은 이전보다 더 나은 새로운 나의 이미지 만들기의 다른 이름임을 기억하자.

① 밝은 표정

한 사람의 얼굴은 그 사람의 '얼의 꼴'이라고 한다. 만일 그렇다면 얼굴의 표정이 무표정하다는 얘기는 자기 영혼의 꼴이 무표정하다는 말이 된다. 그러면 곤란하다. 자신의 무표정한 얼굴을 어떻게 할 것인가? 표정과 인상을 어떻게 좋게 할 것인가? 도대체 어떤 습관을 만들면 무표정을 고칠 수 있을까?

밝은 표정 만들기도 결국은 시간투자가 필요하다. 매시간 5분은 자신의 표정을 점검하자. 그리고 좋은 생각, 밝은 생각을 하면서 표정도 밝게 만들자. 하루 24시간 중 취침시간 6시간을 빼고 18시간 속에서 매시간 5분씩이면 5 x 18 = 90분이다. 하루 90분을 매일 밝은 표정 만드는 데 투자한다고 한번 상상해 보자. 머지않아 밝은 표정이 되지 않을까?

② 겸손한 태도

사람이 나이가 들면 보통은 겸손과는 거리가 멀어진다. 나이가 들수록 경험이 많아지고 아는 것도 늘어난다. 직장에서의 지위도 높아진다. 겸손하려야 겸손할 수가 없는 환경이 된다.

그러나 나이가 들수록 겸손의 중요성에 대해 냉정하게 생각해 볼 필요가 있다. 시대의 흐름을 보면, 더 이상 나이가 중요한 세상이 아니다. 디지털 기술의 영향으로 모든 지식이 온 세상에 널려 있다. 창의성의 발달로 나이에 관계없이 똑똑한 사람들로 넘쳐난다. 나이가 어린 사람이 나이 든 사람보다 훨씬 똑똑할 가능성은 얼마든지 있다.

그래서 이젠 나이가 들수록 오히려 더 겸손해질 필요가 있다. 젊은데도 자기보다 훨씬 똑똑하고 유능한 사람이 흘러넘치기 때문이다. 직장에서도 마찬가지다. 인생 후반전에 자신이 어떤 일을 하더라도 동료 또는 상사가 자기보다 훨씬 어린 경우가 많이 발생할 것이 틀림없다. 그래서 더더욱 겸손해져야 한다.

특히 인생 후반전을 새롭게 시작하면서 새로운 직장에 취업했다고 해 보자. 그렇다면 더욱더 20대 신입직원의 마음으로 돌아가 겸손해져야 한다. 가르치려 들지 말고 오히려 늘 배우려는 마음을 가지자. 그래야만 제대로 살아남는다.

③ 덕성 쌓기

인성습관 중에서도 표정과 태도와는 달리 겉으로는 잘 드러나지 않는 것이 있다. 덕성과 윤리가 대표적이다. 덕성과 윤리는 잘 보이지는 않지만 시간이 흐를수록 진가를 발휘하는 휴먼경쟁력이다. 재능은 이성과 관련이 있고 덕은 감성과 관련이 있다. 이성도 중요하지만 결정적인 순간에는 감성이 더 중요하다. 재능도 중요하지만 덕이 더욱 중요한 간단한 이유다.

그렇다면 덕성을 습관화하려면 어떻게 하면 좋을까? 남에 대한 배려를 생활화할 것을 권하고 싶다. 예를 들어, 동료를 관찰하면서 그 동료에게 필요한 게 무엇인지를 살피는 것을 생활화한다. 동료의 감정에 공감하고 동료를 배려하고 동료에게 필요한 작은 도움을 주는 것을 습관화하면 된다.

이런 덕성을 습관화하는 최고의 벤치마킹 모델은 영화 〈인턴〉에 나오는 로버트 드니로의 행동이다. 젊은 동료들의 말을 경청한다. 동료에게 필요하면서 자신이 줄 수 있는 작은 도움이 무엇인지를 늘 관찰하면서 파악한다. 감정에 복받치는 동료에게 눈물을 닦으라고 손수건을 내민다. 덕성을 습관화하고 싶다면, 영화 〈인턴〉을 보고 또 보자. 그리고 로버트 드니로의 행동을 배우고 따라 하자.

④ 윤리적 마인드

바야흐로 기술 중심 사회다. 급격히 발달하는 기술이 사회발전을 견인하는 시대다. 디지털 기술, 생명과학기술, 로봇공학, 인공지능, 드론, 3D 프린터, 증강현실…. 그런데 기술이 발전할수록 자칫하면 소홀해지기 쉬운 부분이 있다. 윤리의식, 윤리마인드다. 기술이 발전하면 발전할수록 사람들에게 필요한 거의 모든 것을 기술이 해결해 준다. 생활은 더욱더 편리해진다. 그러나 기술에 의존할수록 자칫 잘못하면 인간적인 측면, 윤리적인 측면을 잊어버리기 십상이다.

기술의 시대가 진전될수록 인간적인 측면이 더 중요해진다. 기술의 시대, 개인화의 시대, 불확실성의 시대로 갈수록 윤리적 마인드의 중요성이 점점 더 커진다. 윤리적 마인드는 믿음과 직결된다. 같이 일하는 데 있어 믿을 수 있는 사람인가 아닌가는 업무능력을 넘어 대단히 중요한 자질이다.

그렇다면 윤리적 마인드를 위한 습관을 기르려면 어떻게 해야 할까? 먼저 윤리적 마인드와 연관된 키워드들을 떠올려 보는 것이 도움이 될 수 있다. 도덕, 신뢰, 믿음, 정직과 같은 단어들이 바로 그것이다. 그리고 일상생활 속에서 도덕, 신뢰, 믿음, 정직 등과 관련된 작은 습관을 생활화해 보자.

05 학습: 배움과 학습을 놀이처럼 밥처럼

평생현역과 평생학습은 동전의 양면이다

인생 후반전에도 제대로 일하기를 원한다면 끊임없이 배워야 하지 않을까? 평생현역을 원한다면 평생학습을 생활화해야 한다. 20~30년 전만 해도 대학까지 배운 지식과 교양만으로 정년퇴직할 때까지 버틸 수 있었다. 이제는? 꿈도 꾸지 못할 일이다. 기술변화와 사회변화의 속도가 어마어마하게 빠른 세상이다. 5년 단위로 새로운 지식과 기술을 배워야 업무에 적응할 수 있다는 얘기가 나올 정도다.

하물며 인생 후반전은 어떻겠는가? 인생 후반전에 들어선 대부분의 사람들이 가진 지식과 노하우는 수십 년 전에 익힌 것이거나 퇴직 전의 업무에 적용하던 것들이다. 인생 후반전에 만일 새로운 업무, 새로운 직업에 도전한다면 기존의 지식과 스킬로는 감당하기 어려운 경우가 많을 것이다.

평생현역을 원한다면 자기만의 방식대로 평생학습을 끊임없이 실천하자. 평생학습이 평생현역을 가능케 하는 에너지원이 될 것이다. 평생현역과 평생학습은 동전의 양면이다.

① 독서하기

독서의 장점은 헤아릴 수 없이 많다. 단돈 만 원으로 세계 최고의 전문가, 세계 최고의 지성과 수십 시간이고 책을 통해 대화할 수 있다. 수백 년 전, 수천 년 전에 축적된 인류의 최고 지혜를 접할 수도 있다. 해결하고 싶은 이슈가 생기면 그 이슈에 대해 앞서 고민한 최고의 전문가들과 책을 통해 상의할 수 있다. 가 보지 않은 곳, 해 보지 않은 일도 책을 읽으면서 간접경험을 해 볼 수도 있다.

그뿐 아니다. 책을 읽으면서 자신만의 생각의 힘을 키울 수 있다. 책을 읽으면서 상상력과 창조력이 저절로 만들어진다. 통찰력을 키우고 사색할 수 있게 해 준다. 책을 읽으면서 자신만의 번득이는 아이디어를 발굴할 수도 있다. 좋은 책을 많이 읽으면 표현력도 늘고 글 솜씨도 늘게 된다. 책은 수도 없이 많은 혜택을 가져다준다. 그것도 아주 값싼 비용으로 말이다. 독서는 한마디로 스스로 하는 학습이다. 자율학습의 최고봉이다. 책을 읽는 것은 자기주도적으로 배우는 최고의 학습방법이다.

인생 전반전에 책을 한 권도 읽지 않았어도 전혀 문제없다. 지금부터 시작하면 된다. 인생 후반전을 시작하려는 사람들은 대부분 50여 년을 살아오면서 수많은 경험과 경륜을 쌓았다. 그런 시점에 자신의 일이나 관심영역과 관련된 책을 읽으면 현장에서 몸으로 쌓았던 지식을 체계화, 과학화할 수 있다. 기존의 노하우를 한 단계 높은 수준의 노하우로 승화시킬 수도 있다. 인생 후반전에 책을 더 열심히 읽어야 하는 분명한 이유다.

그럼 독서습관을 생활화하려면 어떻게 해야 할까? 가능하면 1주일에 한 번은 서점에 들르는 것을 제안하고 싶다. 맛있는 음식을 먹으러 식당에 들르는 기분으로 마음의 양식을 먹으러 서점에 들르자. 식당에 가듯 서점에도 가자. 하루 한 시간쯤은 독서시간을 확보할 필요가 있다. 50대 이후에는 젊었을 때보다 자유시간을 확보하기가 용이한 편이다. 그런 시간을 잘 활용해서 자신만의 독서시간을 최소 한 시간은 확보하자. 그리고는 그 시간에 책을 통해 최고의 전문가와 대화하면서 배우자.

인생 후반전에 꼭 해야 할 또 하나의 독서습관이 있다. 자신이 찾은 천직 또는 자신의 관심분야에서 그 분야의 최고수들이 쓴 좋은 책을 5권 정도씩 골라 집중적으로 읽는 초점독서 습관이다. 이렇게 특정주제에 초점을 맞춘 독서습관은 그 분야의 전문성을 업그레이드시켜주는 최고의 길잡이가 될 수 있다. 왜냐하면 여러분이 골라서 읽는 그 책들이 바로 그 분야의 최고봉들이 공들여 작성한 지식과 노하우의 집대성이기 때문이다.

② 스크랩하기

디지털 기술의 혜택으로 똑똑한 사람들이 수없이 흘러넘치는 시대다. 기막히게 기발하고 좋은 아이디어들이 넘쳐나는 시대다. 신문, 잡지, 인터넷, 페이스북, 그 외의 다양한 소셜미디어들, 전시관…. 어디를 가도 신선한 아이디어, 기발한 발상들을 쉽게 발견할 수 있다. 이런 좋은 것들을 그냥 보고 지나쳐 버리기에는 너무도 아깝다. 지나쳐 버렸다 치자. 시간이 지나면 생각이 잘 나질 않는다. 얼마나 아까운 일인가?

멋진 것을 그냥 지나쳐버리지 말자. 좋은 것은 기를 쓰고 자신만의 방식으로 스크랩해 두자. 스크랩북을 사용해도 좋고 스마트폰에 특정한 폴더를 만들어서 디지털로 스크랩해도 좋다. 하여튼 자신의 관심분야는 꾸준히 스크랩하는 습관을 반드시 생활화하도록 하자.

스크랩의 의미를 한마디로 요약한다면, 자신이 관심 있는 세상의 제일 좋은 것들을 축적하는 것이다. 얼마나 유익하겠는가? 티끌 모아 태산이다. 스크랩의 파워야말로 정말로 티끌 모아 태산이다. 스크랩이 이렇게 중요하고 이렇게 쉬운데도 사람들은 잘 하지 않는다. 스크랩을 안 하고 그냥 한 번 보고 넘기는 것으로 습관화되어 있기 때문이다. 이제는 그 습관을 고칠 때다. 자신이 노하우를 축적하고 싶은 분야를 골라 매일매일 꾸준히 스크랩하자. 그리고 틈틈이 그 스크랩을 보고 또 보자. 그러면 어느샌가 스크랩 덕분에 점점 업그레이드되어 가는 자신을 발견하게 될 것이다.

③ 여행

'독서는 앉아서 하는 여행이고, 여행은 서서 하는 독서다.' 독서가 눈앞에 있는 작은 책을 읽는 것이라면, 여행은 세상이라는 커다란 책을 읽는 것이다. 독서가 지성과 전문가들이 공들여 축적한 지식과 통찰력이 담긴 책을 읽는 것이라면, 여행은 세상의 이곳저곳에 자연스레 널려있는 새로운 경험과 생생한 삶이 담긴 자연과 사회라는 책을 읽는 것이다.

여행은 살아 있고 생동감 있는 학습이다. 여행을 통해 새로운 세상을 만난다. 그 새로운 세상은 살아 있는 책이고, 그 누구보다도 위대한 스승이 될 수 있다. 여행은 휴식의 시간이자 재충전의 시간이기도 하다. 여행을 통해 여유 있게 쉬면서 몸과 마음은 새롭게 재충전된다. 몸과 마음이 재충전되면 다시 삶의 에너지가 생긴다.

여행이라고 해서 꼭 멀리 해외로 가는 것만 생각할 필요 없다. 집에서 30분, 1시간 거리에 있는 공원도 시장도 커피숍도 여행의 목적지가 될 수 있다. 생각하기에 따라서 도심 한복판도 여행지가 될 수 있다. 걸으면서 독서하고 걸으면서 재충전한다는 마음가짐만 있다면 말이다. 집을 나서는 순간, 그것은 곧 알찬 여행이 될 수 있다. 내가 여행이라고 생각만 한다면.

④ 체험하기

학습방법 중 최고의 방법은 가능하면 오감을 모두 활용하는 것이다. 오감을 모두 활용하고 가능하다면 몸 전체까지 활용해서 체험하면서 학습한다면 효과는 더욱더 커질 것임에 틀림없다. 보통의 경우, 어린 시절에는 체험학습을 자주 다닌다. 그러다 성년이 되면 여러 가지 이유로 체험학습의 기회는 줄어든다. 그러나 이제는 달라지자. 어른이 될수록, 나이가 들수록 어린이처럼 체험학습의 기회를 훨씬 더 늘려나가도록 하자. 체험학습이야말로 온몸을 통해 배우고 느끼고 역량을 키울 수 있는 더없이 좋은 방법이기 때문이다.

지금은 무언가를 체험할 수 있는 종류나 장소가 정말 다양하다. 필요와 목적에 맞추어서 찾기만 하면 된다. 전시회도 많고 미술관도 많고 체험관도 수두룩하다. 여기저기서 일 년 내내 전시행사, 체험행사가 수없이 열린다.

어린이처럼 체험학습을 최대한 자주 다니자. 인생의 경험과 지혜가 축적된 상태에서 체험학습을 해 보면 어릴 때보다 체험효과는 훨씬 더 커진다. 훨씬 더 많이 배우고 느끼고 깨닫게 될 것이다. 체험은 최고의 공부이고 생동감 넘치는 현장학습이다. 온몸으로 배우고 느끼고 깨닫는 살아있는 학교다.

시간관리: 시간관리는 곧 인생관리다

시간관리는 인생관리다

이 세상의 모든 물질은 원자로 구성되어 있다. 그렇다면 이 세상의 모든 사람에게 공통적으로 우리 인생은 무엇으로 구성되어 있을까? 바로 시간이다. 이 세상의 모든 물질이 원자로 구성되어 있듯이, 이 세상 모든 사람의 인생은 시간으로 구성되어 있다. 부자든 빈자든, 남자든 여자든, 어린이든 노인이든 누구에게나 시간은 똑같이 공평하게 주어진다. 시간은 이 세상 모든 사람에게 똑같이 주어진 자산이다. 누구를 막론하고 하루 24시간은 똑같이 주어진다.

그런데 시간을 쓰는 방법은 사람마다 천차만별이다. 시간을 유익하게 잘 쓰는 사람도 있고, 시간을 무익하게 흘려버리는 사람도 있다. 하지만 기억해야 할 것이 있다. 우리 인생은 시간으로 구성되어 있다. 다시 말해, 우리 인생은 곧 시간이다. 따라서 인생관리는 곧 시간관리다. 즉, 시간관리는 인생관리의 다른 표현에 불과하다. 인생을 잘 관리하고 싶다면 자신에게 주어진 시간을 잘 관리해야만 한다. 너무도 당연한 얘기지만 대부분의 사람들이 너무도 소홀히 하기 쉬운 일이다. 그러나 보석 같은 우리 인생을 위해 시간관리는 너무나도 중요한 일이다. 시간관리를 잘하려면 어떻게 해야 할까? 이 책에서는 4가지의 방법을 제안한다.

우선 목표관리를 잘하도록 하자. 시간관리는 목표의 함수다. 마감시한을 정해서 목표를 잘 설정해 두면 그 목표달성을 위해 시간을 훨씬 잘 관리할 가능성이 커진다. 목표관리라고 해서 거창한 목표만을 의미하는 것은 아니다. 큰 목표든 작은 목표든 구체적인 목표를 마감시한을 정해서 세우는 것을 습관화하는 것이 중요하다.

시간관리를 위한 두 번째 습관은 새벽시간 활용이다. 하루는 24시간으로 구성되어 있다. 그러나 24시간이라고 해서 똑같은 24시간은 아니다. 하루 중 어떤 시간대인가에 따라서 집중도와 몰입도가 다르다. 효율적인 시간대가 있다. 이성을 위한 시간대가 있고 감성을 위한 시간대가 있다. 그런 점에서 새벽시간은 하루 중 최고의 시간대다. 인생관리를 하려면 하루의 시간관리를 해야 하고, 하루의 시간관리를 하려면 새벽시간을 활용하는 것이 최고의 방법이다.

시간관리를 위한 세 번째 방법은 몰입관리 습관이다. 양적 시간관리도 중요하지만, 질적인 시간관리는 더욱더 중요하다. 몰입도가 높은가 낮은가에 따라 시간을 사용하는 질적 수준은 엄청난 차이가 난다. 산만하게 한 시간을 공부한 경우와 집중해서 똑같은 한 시간을 공부한 경우, 둘 사이의 결과는 천지차이다. 쉴 때 쉬더라도 뭔가를 해야 할 때는 반드시 집중해서 몰입하는 것을 습관화하자. 몰입하는 것, 그것이야말로 시간을 질적으로 잘 쓰는 최선의 방법이다.

시간관리를 위해 필자가 제안하는 네 번째 방법은 약속을 지키는 습관이다. 시간에는 나의 시간도 있지만 남의 시간도 있다. 약속을 지킨다는 것은 나의 시간도 남의 시간도 소중히 한다는 다른 말이다. 시간은 소중히 해야 하는 귀하디귀한 자산이다. 그런데 나와 남의 시간을 똑같이 소중히 다루는 최고의 방법 중의 하나가 바로 약속을 충실히 지키는 것이다.

① 목표 설정 습관

시간관리는 목표의 함수다. 분명하고 의미 있는 목표가 시간을 의미 있게 만든다. 시간은 모든 사람들에게 똑같이 주어진다. 그런데도 불구하고 일정 시간이 지난 후에 얻는 결과는 사람마다 천양지차가 난다. 가장 중요한 이유는 뭘까? 분명한 목표가 있고 없고의 차이다.

예를 들어, 대부분의 직장인들이 직장생활을 10년, 20년씩 했다면 한 가지 일에 1만 시간 이상을 투자한 셈이 된다. 그런데도 불구하고 소위 말하는 1만 시간의 법칙의 효과가 나타나지 않는 이유는 무엇일까?

답은 간단하다. 투자한 1만 시간 속에 분명한 목표가 있는가, 없는가의 차이다. 그냥 시간만 1만 시간을 투자한다고 모든 게 뜻대로 되는 것은 아니다. 분명한 방향성을 가진 명확한 목표를 먼저 설정해야 한다. 그리고는 그 목표를 향해 집중하고 몰입해서 1만 시간 이상을 투자해야 한다. 명확한 목표 아래 집중과 몰입이 수반된 1만 시간이어야만 1만 시간의 법칙이 효과를 발휘하게 된다. 그런 점에서 1만 시간의 법칙 성립의 필요충분조건은 '명확한 목표를 향해 집중하고 몰입하는 1만 시간 투자'라고 요약할 수 있다.

그렇다면 목표 세우기를 습관화할 수 있는 가장 좋은 방법은 뭘까? 여러 가지가 있겠지만, 필자는 연간 목표 세우기, 주간 목표 세우기, 하루 목표 세우기의 셋을 동시에 습관화하기를 제안한다. 자신의 방식대로 연간 목표 세우기, 주간 목표 세우기, 일일 목표 세우기를 꼭 습관화하기를 권하고 싶다. 그러면 일 년, 일주일, 하루의 시간관리도 저절로 이루어지리라 믿는다.

② 새벽시간 활용

100세를 훨씬 넘어 살게 될 우리들의 일생은 길고도 길다. '인생은 짧고 예술은 길다'라던 말은 이제 유행이 지난 옛말이 되어버렸다. 우리 인생은 더 이상 짧지 않다. 길고도 길다.

그런데 우리들의 기나긴 인생도 그 속을 자세히 들여다보면 결국은 하루하루가 누적된 것이다. 하루를 얼마나 잘 살았는가를 누적해 보면 인생을 얼마나 잘 살았는가를 알 수 있다. 하루는 24시간이다. 그리고 우리는 아침에 일어나서 낮에 활동하고 밤에 잠든다. 이 패턴은 거의 죽을 때까지 비슷하게 되풀이된다.

무슨 일이든 시작이 중요하다고 한다. 하루의 시작은 언제인가? 바로 아침에 일어나면서 우리들의 하루는 어김없이 시작된다. 그렇다면 하루의 시작인 일어나는 시간과, 일어나서 처음 몇 시간 동안 시작하는 활동이 대단히 중요하다. 하루는 24시간이지만, 아침 2시간은 낮 시간 4~5시간과 맞먹는 효과가 있다. 그만큼 귀중한 시간이다. 따라서 아침시간을 잘 활용할 수 있는 자신만의 방법을 만들자. 그것이 성공한 인생을 만드는, 가장 쉽고도 확실한 방법 중 하나다.

자신의 기상시간이 몇 시가 되었든 독자 여러분께 권하고 싶은 것이 하나 있다. 자신의 기상 시간을 매일매일 기록해보라는 것이다. 가능하면 눈에 보이도록 탁상달력 등에 기록하도록 하자. 그러면서 자신의 새벽기상 습관을 좀 더 개선하고, 새벽기상을 통해 자신만의 시간을 좀 더 확보하자. 더 나은 인생을 위해서 자신만의 새벽시간을 꼭 확보해서 활용하자.

③ 몰입하는 습관

시간을 잘 쓰는 가장 좋은 3가지 방법을 고르라고 한다면, 필자는 목표 설정, 새벽 활용, 그리고 몰입하기를 고르고 싶다. 목표 설정은 시간을 가장 잘 쓸 수 있도록 관리하는 방법이다. 또한, 새벽시간 활용은 하루 24시간 중에서 가장 알짜배기 시간을 쓰기 위한 방법이다. 마지막으로, 몰입하는 습관은 집중도를 높여 시간 사용의 효과를 최고조로 만들어 주는 방법이다.

나 자신은 어떤 몰입습관을 가지고 있는가? 자신만의 몰입습관을 생활화할 필요가 있다. 예를 들어, 뭔가 해야 할 일을 시작하기 직전에 스스로에게 몰입을 선언하는 것도 좋은 방법이다. 몇 시부터 몇 시까지 일에 몰입하겠다고 자신에게 선언하고 일을 시작하는 습관을 생활화하는 것이다.

자신이 가장 몰입을 잘할 수 있는 환경 만들기를 습관화하는 것도 좋은 방법이다. 예를 들면, 매일 몰입할 수 있는 고정적인 시간대를 만들거나, 아니면 몰입할 수 있는 자신만의 공간을 만드는 것이다. 새벽시간이든 저녁시간이든 하루에 두 시간 정도씩 집중 타임을 설정할 수도 있다.

④ 약속을 지키는 습관

나 자신이 최근에 한 약속들을 한번 떠올려 보자. 거의 대부분의 약속에는 시간이란 속성이 포함되어 있다. 예를 들어, 내일 몇 시에 만나자. 언제까지 목표를 달성하겠다. 몇 월 며칠까지 보고서를 제출하겠다…. 그렇게 보면 약속을 잘 지킨다는 것은 실은 시간관리를 잘한다는 다른 표현에 불과하다는 것을 알 수 있다.

그런데 약속을 잘 지키는 것을 습관화하면 시간관리를 하는 효과도 생길 뿐 아니라 또 하나의 특별한 효과를 거둘 수 있다. 자신의 신뢰감이 높아지는 효과다. 신뢰감을 높이고 싶은가? 지극히 단순하고 확실한 방법이 있다. 약속을 잘 지키는 것을 생활화하고 습관화하면 된다. 약속관리는 곧 신뢰관리이기 때문이다.

약속을 잘 지키는 것을 습관화하려면 어떻게 하면 좋을까? 첫 번째로 꼭 권하고 싶은 것이 있다. 회의가 있거나 다른 사람과 약속이 있을 경우, 약속시간보다 하루 1%씩 먼저 도착하는 것을 습관화하는 것이다. 하루의 1%는 약 15분이다. 약속시간보다 항상 15분 일찍 도착하는 습관을 생활화하자. 훨씬 여유가 생기고, 상대에게도 더욱 신뢰감을 줄 수 있다. 그 15분의 시간이 또 다른 만남과 뜻밖의 수확을 가져다줄 수도 있다. 약속시간보다 항상 하루 1% 먼저 도착하는 습관을 들이자.

모든 일은 커뮤니케이션으로 시작해서 커뮤니케이션으로 끝난다

인간은 사회적 동물이다. 사람이라면 누구나 사회 속에서 다른 사람들과 다양한 형태의 사회적 관계를 맺으며 살아간다. 그리고 사회적 관계 속에서 사회적 동물로서 살아가기 위해서는 반드시 필요한 요소가 있다. 커뮤니케이션이다. 커뮤니케이션은 의사소통意思疏通이다. 자신의 뜻과 생각을 서로 주고받는 것이다. 의사소통이 원활하지 않으면 대인관계, 사회적 관계가 원활하기 어렵다. 의사소통이 원활해야 일하는 것도 원활해진다. 커뮤니케이션 또는 의사소통은 사람들과 함께 일하기 위해 필요한 가장 기본적인 필수조건이다.

자신이 가진 전문성과 업무역량도 다양한 형태의 커뮤니케이션을 통해 전달되고 발휘된다. 아무리 전문성과 업무역량을 갖추었다 하더라도 커뮤니케이션 역량이 부족하면 자신이 가진 전문성과 업무역량도 마음껏 전달할 수가 없다. 거꾸로 커뮤니케이션 역량이 뛰어나면 자신이 가진 전문성과 업무역량이 더욱 빛날 수 있다.

그런 점에서 보면, 인생 후반전에 평생현역을 꿈꾸기 전에, 무엇보다도 먼저 자신의 커뮤니케이션 역량을 진단해보고, 더 나은 커뮤니케이션 역량을 기르기 위한 새로운 습관을 체질화할 필요가 있다. 그렇게 기른 커뮤니케이션습관이 평생현역을 위한 윤활유가 될 것이다.

그렇다면 커뮤니케이션습관에는 어떤 것이 있는가? 이 책에서는 4가지를 제안한다. 말하기, 글쓰기, 보디랭귀지, 온라인 소통이 그것이다.

① 말하기

말하기의 중요성은 새삼 말할 필요가 없다. 그런데도 불구하고 말하기는 물과 공기와 같아서 평소에는 그 중요성을 알아차리지 못하곤 한다. 그러나 곰곰이 생각해 보면 말하기는 정말 중요하다. 사람들 간에 이루어지는 모든 비즈니스와 서비스도 말하기에서 시작되고, 말로써 마무리될 때가 많다. 필요한 의사전달은 말할 것도 없고, 감동을 주는 것도 말하기를 통해서 이루어지고, 설득과 공감도 말하기를 통해서 이루어진다.

일반적으로 설득력과 공감을 일으키도록 말하기 위해서는, 우선 전문성 있는 콘텐츠를 전달할 수 있어야 한다. 또한 논리적이고 체계적이어야 한다. 때로는 스토리텔링이나 심금을 울리는 표현을 통해 공감과 감동을 자아낼 수도 있어야 한다. 그런 점에서 말하기는 속과 겉이 똑같이 중요하다. 속으로는 전달하고자 하는 콘텐츠와 핵심내용을 잘 담고 있어야 하고, 겉으로는 목소리, 어투, 표현방식, 말하는 태도가 듣는 상대방에 와 닿게 해야 한다.

말하기 역량을 기르기 위해서는 어떤 습관을 키우는 것이 좋을까? 한 가지만 소개해 본다. 자신이 말할 기회가 1분이라도 생길 경우, 사전에 말할 내용을 글로 써보는 것을 권한다. 말할 내용을 머릿속에서만 정리해 두면 잊어버리거나 우왕좌왕하기 쉽다. 그에 반해, 말할 내용을 글로 써보면 말하고자 하는 내용이 보다 명확해진다. 뿐만 아니라 글로 써 보는 과정에서 좀 더 나은 내용으로 말할 수 있도록 표현이나 말하는 방식을 수정해 볼 수도 있다.

② 글쓰기

커뮤니케이션을 하는 가장 기본적인 두 가지 방법은 말하기와 글쓰기다. 그런 까닭에 말하기와 글쓰기를 훈련하는 것은 대단히 중요하다. 그럼에도 불구하고 말하기와 글쓰기는 물과 공기와도 비슷하게 여겨지는 것이어서, 더 잘하기 위한 의도적인 노력은 잘 기울이지 않는 분야다.

특히 글쓰기를 위해 의도적인 훈련과 노력을 하는 사람을 발견하기는 쉽지 않다. 훈련과 노력을 하지 않더라도 말하기는 일상생활 속의 대화를 통해 늘 하는 행동이므로 그나마 다행이다. 그에 비해 글쓰기는 본인 스스로 의도적인 노력과 훈련을 하지 않는

한, 일 년에 한두 번도 글 쓸 기회가 없을 경우가 허다하다. 그런 사람에게 글을 잘 쓰는 것을 기대하기란 불가능하다.

글을 잘 쓰기 위해서는 어떤 습관을 들이면 좋을까? 중국의 문학가 구양수가 얘기했듯이 '다독 다작 다상량多讀 多作 多想量'이다. 우선 많이 읽어야 글도 잘 쓸 수 있다. 글을 잘 쓰기 위한 재료를 얻기 위해서는 좋은 글을 많이 읽어야 한다. 따라서 신문의 좋은 칼럼, 출판되는 좋은 에세이 등을 찾아서 꾸준히 많이 읽도록 하자. 인터넷의 뉴스와 같은 단편적인 지식이 아니라, 논리와 기승전결을 잘 갖춘 좋은 글을 많이 읽자.

짧게라도 글을 쓸 기회가 생기면, 무조건 글을 써 보는 것도 도움이 된다. 무엇을 하든 잘하기 위해서는 결국 연습에 연습을 거듭하는 것이 최선의 방법이다. 글쓰기도 마찬가지다. 예를 들어, 가족의 생일이나 기념일 등에는 항상 작은 카드에라도 글을 써 보는 습관을 들이자. 메일을 보내거나 문자를 보낼 때에도 전달내용을 포함하되 자신이 쓸 수 있는 가장 좋은 문장을 작성해서 보내는 연습을 하자. 그리고 앞에서도 얘기한 것처럼, 공식적으로 말할 기회가 생기면 사전에 꼭 글로 먼저 써 보는 연습을 하자. 하여튼 글을 써 볼 기회가 생기면 즐거운 마음으로 글을 쓰는 연습을 하고 또 하자.

글을 잘 쓰는 또 하나의 훈련방법이 있다. 자신이 쓴 글을 여러 번 들여다보면서 계속해서 수정하는 습관을 들이는 것이다. 자기가 쓴 글을 고치고 또 고치는 과정을 반복하는 것을 습관화하면 글 쓰는 솜씨가 느는 것은 당연하다. 자신이 쓴 글을 여러 번 다시 읽으면서 계속해서 수정하는 습관을 꼭 생활화하자.

③ 보디랭귀지

메라비언의 법칙에 따르면, 한 사람이 상대방에게서 받는 이미지는 시각이 55%, 청각이 38%, 언어가 7%를 좌우한다고 한다. 언어는 말의 내용을 의미하고, 청각은 목소리의 톤이나 음색을 의미한다. 그리고 시각은 자세, 용모, 복장, 제스처와 같이 눈으로 보이는 이미지를 의미한다. 즉, 넓은 의미의 보디랭귀지다. 메라비언의 법칙은 보디랭귀지가 커뮤니케이션 이미지의 반 이상을 차지한다는 것을 말해 준다. 보디랭귀지는 우리가 생각하는 것보다 훨씬 중요하다는 얘기다.

몸도 언어다. 입과는 달리 몸은 말하지는 않으나, 때로는 입으로 말하는 것보다 더 강력한 언어가 된다. 그리고 보디랭귀지는 커뮤니케이션의 양념이자 윤활유다. 자세, 용모, 복장, 제스처를 포함한 보디랭귀지는 마치 동영상을 보여주듯 살아있는 생생한 무언의 언어를 상대방에게 전달할 수 있다. 외국어를 배우듯 좋은 보디랭귀지를 배우고 습관화하도록 하자.

좋은 보디랭귀지를 습관화하려면 어떻게 해야 할까? 무엇보다도 먼저 자세를 항상 단정하고 바르게 하는 것을 생활화하자. 우선 자신의 자세에 대해서 점수를 한번 매겨 보자. 앉은 자세와 선 자세, 걸음걸이, 대화할 때와 회의할 때의 자세 등을 머리에 떠올리면서 자신의 자세는 충분히 단정하고 바른지 점수를 매기자. 그리고 자신의 자세 점수를 높일 수 있는 자신만의 방법을 개발해서

습관화하자.

좋은 보디랭귀지를 습관화하는 두 번째 방법은, 거울을 보면서 자신만의 눈짓과 몸짓을 개발하는 것이다. 대화할 때 눈은 많은 것을 말해 준다. 따라서 눈으로 말하는 것을 연습하자. 매일 아침 거울을 보면서 말없이 자신의 눈빛만으로 자신에게 말을 걸어 본다. 기분 좋은 눈빛으로 기분 좋게 말을 걸어 본다. 매일매일 틈만 나면 그렇게 눈짓을 연습하자.

몸짓도 마찬가지다. 나이가 들면 몸짓이 둔해지기 마련이다. 그럴 때일수록 자신의 몸짓도 연습하도록 하자. 거울을 보면서 말없이 자신의 몸짓만으로 자신에게 말을 걸어 본다. 기분 좋은 몸짓으로 기분 좋게 말을 걸어본다. 매일매일 틈만 나면 그렇게 몸짓도 연습하자.

④ 온라인 소통

커뮤니케이션은 오프라인상에서만 이루어지는 것은 아니다. 디지털의 확산으로 온라인 소통이 갈수록 중요해지고 있다. 예를 들어, 하루 24시간 중 10대와 20대는 약 5시간을, 40대와 50대는 약 2시간 이상을 온라인 또는 핸드폰으로 소통하고 있다고 한다. 수면시간, 식사시간 등을 제외하면 하루 활동시간은 약 10시간 정도인데, 사람들은 그중 20~50%의 시간을 온라인으로 소통하고 있다는 얘기가 된다.

이메일, 카카오톡, 페이스북, 밴드, 유튜브, 홈피, 블로그 등 온라인 소통의 방법도 가지가지다. 온라인 소통을 하지 않고는 사람들과 더불어 살아가기 쉽지 않은 세상이 되고 있다. 이제는 온라인 소통의 비중이 이렇게 커진 세상의 변화를 적극적으로 받아들이는 것이 좋다. 아니, 어쩌면 자신을 위해 이런 디지털 세상의 변화를 잘 활용해야만 한다. 특히, 인생 후반전에는 특정한 소속 직장이 없이 자기 스스로 브랜드가 되어 홀로 자신을 마케팅해야 할 경우가 많다. 이런 때일수록 온라인 소통도구를 활용하는 것이 더욱 중요하다.

그렇다면 온라인 소통을 습관화하려면 어떻게 해야 할까? 우선, 자신만의 노하우, 자신만의 콘텐츠를 블로그 등을 통해 지속적으로 온라인에 올려서 공유하는 것을 생활화하자. 인생 후반전에서는 자신이 곧 회사다. 자신을 마케팅해줄 회사가 따로 없으므로 자기 스스로 자신을 마케팅해야 한다. 그런데 셀프 마케팅을 하는 가장 효과적이고 효율적인 방법은 바로 온라인 마케팅이다. 따라서 온라인 마케팅의 일상화를 습관화하는 것이 절실히 필요하다.

온라인 소통을 습관화하는 두 번째 방법은 온라인 양방향 소통을 매일 일정시간 이상 생활화하는 것이다. 스마트폰으로 뉴스나 콘텐츠를 일방적으로 받아보기만 할 것이 아니라, 누군가와 양방향으로 소통하는 것을 습관화하자. 비록 실제 공간에 존재하는 소속 직장은 없지만, 온라인으로 참가하고 활동하는 커뮤니티를 통해 양방향 소통을 습관화하는 것은, 소속감도 느끼고 셀프마케팅도 하는 일석이조의 효과가 있다.

08 문제해결: 인생은 문제해결의 연속이다

문제해결 역량이 있으면 인생의 반은 해결된다

인생을 살아가면서 우리는 크고 작은 해결과제를 만나게 되고, 따라서 우리 인생은 결국 문제해결의 연속이다. 그렇게 보면 문제해결 역량을 가지고 있다는 것은 대단히 중요하다. 문제해결의 연속인 우리 인생을 살아가면서 필요한 가장 중요한 무기를 지니는 셈이 된다.

그렇다면 문제해결 역량을 기르기 위해서는 어떻게 해야 하는가? 우선, 무엇보다도 중요한 것은 질문을 통해 해결하고자 하는 문제의 근본 원인이 무엇인지를 아는 것이다. 따라서 어떤 문제가 발생하면 항상 그 문제의 근본 또는 본질에 관한 질문을 던지는 습관을 만들자. 질문하는 습관만 제대로 갖추어도 문제해결 역량의 기초가 든든해진다.

또한 문제해결 역량을 기르기 위해서는 창의 역량을 키울 필요가 있다. 해결해야 할 문제가 더 어렵고 더 복잡한 시대다. 정답이 정해져있지 않은 문제도 점점 증가하고 있다. 이러한 때 필수적으로 요구되는 역량이 바로 창의 역량이다. 새로운 관점, 새로운 아이디어로 문제를 해결해가는 역량이 필요하다.

질문하는 역량과 창의 역량은 개인적인 차원의 문제해결 역량이다. 그러나 혼자서 문제를 해결하는 데에는 한계가 있다. 서로 도와서 문제를 해결해야 할 필요성이 점점 더 커지고 있다. 이처럼 서로 힘을 합쳐서 문제를 해결하려고 할 때 필요한 역량이 바로 코칭 역량과 협력 역량이다.

티칭Teaching의 시대에서 코칭Coaching의 시대로 전환되고 있다고 한다. 티칭은 일방적으로 가르쳐주는 것이다. 그에 반해 코칭은 배우는 사람이 주도적으로 배우되, 코치가 촉진자로서의 역할을 하는 것이다. 주도적으로 문제를 해결하되 누군가의 도움을 받으면서 문제를 해결해가는 것이 바로 코칭이다. 따라서 코칭을 받으면서 문제를 해결하는 것은 문제해결을 더 효율적이고 효과적으로 할 수 있는 방법의 하나다.

혼자서 문제를 해결하기 힘들 때, 코칭과 함께 협력도 문제해결을 위한 최고의 방법이 될 수 있다. 협력을 통해 서로의 장점을 활용하고 서로의 단점을 보완할 수 있다. 무한경쟁의 시대에 문제해결을 위한 최고의 경쟁력은 협력을 통해 발휘할 수 있다.

① **질문하는 습관**

질문이 가지는 힘은 크다. 풀어야 할 숙제에 대해서 막연하게 생각하다가도 구체적으로 질문을 던지면서 풀다 보면 의외로 쉽게 문제가 해결된다. 학교 시험을 치를 때는 우리에게 일방적으로 질문이 주어졌다면, 이제는 우리 스스로가 자발적으로 질문을 만들 필요가 있다. 질문을 만들어야 답을 찾기 쉽기 때문이다. 따라서 해결해야 할 문제가 생기면, 이에 관한 현명한 질문을 만들고, 만든 질문에 대해서 지혜롭게 답을 찾아나가는 작업을 습관화시키는 것이 필요하다. 문제에 대해 질문을 잘할 수 있는 사람이 문제의 답도 잘 찾아낼 가능성이 높다. 실제로 질문만 잘해도 문제는 반 이상 해결할 수 있다.

그렇다면 어떻게 질문하는 것이 질문을 잘하는 것인가? 좋은 질문 습관을 체질화하려면 어떻게 하는 것이 좋은가? 답은 의외로 간단하다. 어떤 문제가 생기면 항상 그 문제의 근본원인, 또는 문제의 본질이 무엇일까를 질문하는 것이다. 문제가 생기면 그 문제의 근본원인이나 문제의 본질을 파악하기만 해도 그 문제는 반 이상 해결한 것이나 마찬가지다.

크고 작은 문제를 만나면 항상 그 문제의 근본원인이 무엇일까 질문하는 습관을 들이자. 그리고 그것을 적는 습관을 들이도록 하자. 문제가 있을 경우 이렇게 그 문제의 근본원인을 적는 것만으로도 이미 그 문제의 반은 해결이 된 셈이다. 그리고 문제의 근본원인을 고치는 해결책을 내고 실행하기만 하면 문제의 나머지 반도 해결할 수 있다. 질문의 파워는 이렇게 세다. 질문하는 것을 습관화하자. 특히, 문제의 근본과 본질에 관해 질문하는 것을 습관화하자.

② 창의적인 습관

문제해결에 있어서도 창의가 필요하다. 분야를 막론하고 창의적인 사고, 창의적인 아이디어가 절실히 필요한 시대다. 따라서 창의적인 습관을 길들이는 것은 생존을 위해서도 반드시 필요하다. 창의적인 습관을 들이기 위해서는 어떻게 하는 것이 좋을까? 아마도 수없이 많은 방법이 가능하리라. 그중에서도 필자는 가장 간단한 두 가지 방법을 제안하려 한다.

자신을 좀 더 창의적으로 만드는 첫 번째 방법은 새롭고 낯선 환경 속에 자신을 두는 것을 습관화하고 즐기는 것이다. 예를 들어, 기회가 되면 늘 새로운 곳을 찾아간다. 밥을 먹을 때도 커피를 마실 때도 가능하면 새로운 곳을 탐방해 본다. 그렇게 일상적인 생활을 하면서 새로운 공간에 자신을 두는 습관을 들이면 새로운 생각, 새로운 아이디어를 접하기 쉽다. 새로 보는 공간, 새로 보는 환경 속에 있게 되면 자신의 마음도 정신도 새로워질 가능성이 높다. 그리고 새로운 사람을 만날 기회가 있으면 주저 없이 만난다. 새로운 사람과의 새로운 대화를 통해 새로운 생각이 떠오르기도 한다. 새로운 물건, 새로운 서비스를 접해보는 것도 좋은 방법이다. 이렇게 일상 속에서 새로운 환경, 새로운 사람, 새로운 물건, 새로운 서비스, 새로운 장소를 접하는 것을 생활화하자. 그러면 자신도 모르게 창의적인 습관을 몸에 길들일 수 있게 될 것이다.

창의적인 습관을 들이는 두 번째 방법은 늘 일신우일신하는 마음가짐을 가지는 것이다. 똑같은 사물을 보더라도 늘 새로운 눈, 새로운 마음으로 보는 습관을 들이자. 똑같은 일을 하더라도 늘 일신우일신하는 마음으로 일하자. 똑같은 사람을 만나더라도 늘 새로운 눈, 새로운 마음가짐으로 그 사람을 대하자. 이렇게 늘 새로운 것을 접하고 똑같은 것도 새롭게 받아들이는 생활 속에서 창의적인 습관이 저절로 싹트게 된다.

③ 코칭습관

우리는 오랫동안 티칭Teaching의 시대를 살아왔다. 티칭의 시대는 답이 명확했던 시대다. 선생님이나 누군가가 답을 가르쳐주던 시대였다. 티칭의 시대는 답을 배우기만 하면 그만이던 시대다.

그러나 이젠 티칭의 시대는 지났다. 변화의 속도와 불확실성이 한 치 앞을 내다보기 힘들게 한다. 미리 정해진 정답으로는 문제와 이슈를 풀기 힘든 시대에 들어섰다. 개인도 조직도 국가도 마찬가지다. 이러한 변화와 불확실성의 시대는 코칭Coaching이 요구되는 시대다. 모두가 스스로 자기주도적으로 문제를 풀어가되, 좀더 나은 사람의 도움과 조언을 꾸준히 받으면 훨씬 효율적이고 효과적이다. 티칭의 시대가 지나고 코칭의 시대가 왔다. 코칭의 시대에는 나도 코칭을 받으면서 나의 문제를 풀고, 가능하다면 나도 코칭을 하면서 다른 사람의 문제 풀기를 도와야 하는 시대다. 따라서 이제는 코칭습관을 생활화하도록 해보자.

일반적으로 코칭은 해결해야 할 문제를 둘러싼 상황과 문제의 근본원인 등에 대해, 대화를 통해 지속적으로 질문하고 피드백하고 격려하고 지지하는 과정을 거치게 된다. 따라서 코칭습관을 들인다는 것은 곧 질문습관, 피드백습관, 격려습관을 생활화한다는 말과 같다. 이제는 자신을 위해서도, 남을 위해서도 코칭습관을 생활화하자. 문제해결 역량을 더 높이고 싶다면 코칭습관을 생활화하자.

④ 협력하는 습관

바야흐로 경계 없는 무한경쟁의 시대다. 무한경쟁의 시대에는 어떻게 대응해야 하는가? 두말할 필요 없이, 우선 자신의 차별화된 경쟁력을 높여야 한다. 경쟁의 시대에 자신의 경쟁력을 갖추는 것은 기본 중의 기본이다.

그렇다면 개인 경쟁력만 갖추면 경쟁의 시대에서 살아남을 수 있는가? 아니다. 한 가지 더 필요하다. 협력이다. 경쟁력을 갖춘 또 다른 사람이나 기업과 협력한다는 것은 서로가 가진 경쟁력을 합한다는 의미가 된다. 협력을 통해 경쟁력이 배가되는 것이다. 따라서 협력은 무한경쟁의 시대에 자신의 경쟁력을 높일 수 있는 최고의 방법 중 하나다.

그렇다면 협력습관을 기르기 위해서는 어떻게 해야 하는가? 필자는 맨 먼저 핀란드식 협력습관을 들일 것을 제안하고 싶다. 핀란드는 개인과 사회의 발전을 위해 사회 구성원 간의 끊임없는 참여와 협력이 생활화되어 있다. 예를 들면, 핀란드의 국민은 스스로 다양한 형태의 비정부기구나 봉사활동 등에 참여하고 있다. 전

국민의 80%가 어딘가의 사회단체에 가입해서 더 나은 사회를 만들기 위한 활동을 하고 있다고 한다. 한마디로 핀란드는 협력이 생활화되고, 시스템화되고, 제도화되어 있는 나라다.

우리도 핀란드를 배우자. 협력하는 습관을 배우자. 핀란드처럼 협력이 사회 전체적으로 시스템화되는 것은 시간이 걸린다. 따라서 그 이전에 나부터 협력을 생활화해야겠다고 생각하고 행동에 옮길 필요가 있다. 관심 있는 사회단체나 지역활동, 봉사활동 등에 참여하면서 협력을 생활화하고 습관화하자. 사회단체활동이나 봉사활동을 생활화하다 보면 협력이 저절로 습관화될 것이다.

09 서비스: 모든 비즈니스는 서비스로 통한다

모든 비즈니스는 서비스로 통한다

모든 일은 서비스로 통한다. 모든 사람의 활동은 실은 누군가를 위한 서비스를 제공하는 일이다. 자신을 위해서든 고객을 위해서든 누군가에게 서비스를 제공하게 된다. 급여, 수수료, 자문비 등의 형태로 활동에 대한 금전적인 보상을 받을 경우에는 더욱더 그렇다.

똑같은 경쟁력을 가진 사람이라도, 결국은 서비스역량이 더 높은 사람이 이기게 된다. 고객에게 더 매력적이기 때문이다. 고객이라면 누구나 같은 상품을 파는 가게들 중 더 나은 서비스를 제공하는 가게로 갈 것이 분명하다. 이는 가게뿐만 아니라 개인도 마찬가지다. 똑같은 경쟁력을 가진 사람들 중 더 나은 서비스역량을 가진 사람을 선호하는 것은 인지상정이다. 그러므로 서비스역

234

량을 습관화해야 한다.

그러나 서비스역량을 기르는 것은 쉽지 않다. 특히 나이가 들수록 서비스역량을 기르는 것을 더욱 어렵게 느끼기 쉽다. 많은 경우, 인생을 살면서 서비스를 받고 살아온 시간이 서비스를 제공하면서 살아온 시간보다 훨씬 더 길기 때문이다. 나이 든 사람일수록 더욱 그렇다. 일반적으로 나이 든 사람일수록 서비스역량이 습관화 되지 않은 경우가 대부분이다. 하지만 늦었다고 생각할 때가 가장 빠를 때다. 지금부터라도 서비스역량을 습관화하자. 행복하고 성공적인 인생 후반전을 위해. 어떤 서비스역량을 습관화하는 것이 좋은가? 여기서는 네 가지 서비스습관을 제안한다.

첫 번째는 전문서비스 습관이다. 평생현역의 시대에는 모든 사람이 각자 차별화된 자신만의 서비스를 제공할 수 있어야 한다. 그러기 위해서는 자신만의 전문서비스 역량을 갖추는 것이 필요하다.

두 번째는 관계서비스 습관이다. 사람들의 거의 모든 활동은 다른 사람들과의 관계 속에서 이루어진다. 따라서 더 나은 관계를 만드는 습관을 생활화하는 것은 대단히 중요하다.

세 번째는 감성서비스 습관이다. 기술의 시대가 진전될수록 사람들은 감성을 울리는 서비스를 더욱더 선호하게 된다. 휴먼과 감성의 가치가 더욱 높아지게 되는 것이다. 그러므로 전문서비스 역량에 감성서비스 역량이 더해진다면 금상첨화다.

네 번째는 재미서비스 습관이다. 이른바 펀Fun의 시대다. 가치와 함께 재미를 추구하는 시대다. 인간을 호모루덴스라고도 한다.

놀이하는 인간, 유희하는 인간이 인간의 본성 중 하나라는 얘기다. 그만큼 재미는 살면서 중요한 요소로 떠오르고 있다. 전문서비스와 감성서비스에 재미서비스까지 제공할 수 있다면, 그 사람의 생존가능성과 성공가능성은 충분히 보장받을 수밖에 없지 않을까?

① 전문서비스 습관

프리 에이전트의 비중이 점점 늘어나는 것은 피할 수 없는 시대적 흐름이다. 따라서 자신만이 가진 차별화된 전문서비스 역량은 갈수록 그 중요성이 커질 것이 확실하다. 장인정신을 느낄 수 있는 차별화된 전문서비스 역량이 있는 사람만이 생존할 수 있는 시대로 점점 접어들고 있는 것이다.

어떻게 하면 차별화된 전문서비스 역량을 성공적으로 길러낼 수 있을까? 모두가 인정하는 자신만의 전문서비스 역량을 제대로 길러내기 위해서는 오랜 시간을 두고 부단히 시간투자를 하는 수밖에 방법이 없다. 따라서 최소한 하루 24시간의 10% 정도는 전문서비스 역량을 기르기 위해 시간을 투자하는 습관을 들이는 것이 필요하다. 24시간의 10%인 2.4시간, 즉 약 2시간 30분 정도를 전문서비스 역량을 기르는 데 매일 투자하는 것이다.

매일 2시간 반씩 5년을 투자하면 약 5천 시간 동안 공을 들이는 셈이 된다. 1만 시간 법칙의 50% 정도를 달성하게 되는 것이다. 이처럼, 적어도 5천 시간 정도는 집중해서 투자해야 어느 정도 인정받는 전문서비스 역량을 확보할 수 있을 것이다. 매일 2시간 반씩 적어도 5년은 열심히 투자해야 웬만큼 만족할 만한 전문서비스 역량이 생긴다는 얘기다.

수긍이 된다면 당장 지금부터 시작하자. 나의 관심분야, 나의 천직 후보가 될 만한 분야를 하나 골라, 하루 2시간 반씩 5년을 정성을 다해 시간투자를 하자. 관련분야 책도 읽고, 정보도 수집하고, 관련네트워크에 가입해서 활동도 하고 하면서 몰입하자. 그러면 5년쯤 지난 뒤, 그 분야에서 누구보다도 차별화된 전문서비스 역량을 갖춘, 자신감 있는 자신의 모습을 발견하게 될 것이다.

② 관계서비스 습관

관계란 개념은 하도 폭넓은 것이어서 관계서비스에도 수없이 다양한 것들이 포함될 수 있다. 필자는 관계서비스의 핵심으로 특히 두 가지만 강조하고 싶다. 배려와 나눔이다.

배려는 남의 입장을 헤아리는 마음이다. 한마디로 역지사지의 마음이다. 다중지능의 창시자인 세계적인 심리학자 하워드 가드너가 자신의 저서 『미래 마인드』에서 제시한 5가지 미래 마인드 중 하나인 '남을 존중하는 마음'이다. 배려는 더 나은 인간관계와 모든 관계서비스를 위한 기초다.

배려와 함께 관계서비스의 또 하나의 핵심으로 나눔을 들 수 있다. 배려가 타인을 존중하는 다소 소극적인 의미에서의 관계서비스라면, 나눔은 타인에게 베풀고 도움을 주고자 하는, 보다 적극적인 의미에서의 관계서비스라고 할 수 있다. 배려와 나눔의 습관 두 가지만 갖추고 있어도, 성공적인 관계서비스를 위한 준비의

50%는 갖춘 셈이다.

그렇다면 어떻게 배려와 나눔을 습관화할 수 있을까? 작은 것이라도 항상 내가 먼저 베푸는 삶을 실천하는 것이 좋은 방법의 하나다. 실제로 자신의 주위에 있는 사람들을 한번 살펴보자. 직장의 후배 동료도 있고, 이웃의 노인도 있고, 길거리의 약자들도 있다. 그 사람들을 배려하고 도울 수 있는 나의 작은 손길은 무엇인지 늘 생각해 보자. 그리고 생각난 것을 주저 없이 실천해 보자. 그리고 이런 배려와 나눔의 실천을 생활화하고 습관화하자.

③ 감성서비스 습관

감성과 휴먼의 중요성에 관해서는 2,300년 전에 아리스토텔레스가 했던 말에 귀를 기울일 필요가 있다. 아리스토텔레스에 의하면, 사람들을 설득시키거나 감동을 주기 위해서는 3가지 요소가 필요하다. 에토스Ethos, 로고스Logos, 파토스Pathos가 바로 그것이다.

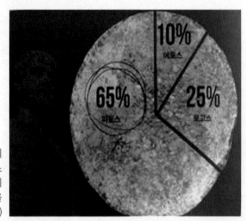

아리스토텔레스의
설득과 감동의 3요소
(출처: 카민 갤로, 어떻게
말할 것인가: 세상을
바꾸는 18분의 기적 TED)

에토스는 신뢰감을 주는 것이고, 로고스는 논리적이고 체계적인 것을 말한다. 그리고 파토스는 감성에 호소하는 것을 말한다. 재미난 사실은 많은 심리학자들이 이 3가지 요소가 설득을 시키고 감동을 주는 데 각각 어느 정도 비중으로 기여하는지를 조사한 결과다. 그에 따르면 에토스는 10%, 로고스는 25%다. 그리고 나머지 65%가 파토스라는 놀라운 사실이 드러났다. 신뢰성과 논리성을 갖추었다 할지라도 감성을 충족시키지 못하면 절반의 효과도 안 된다는 말이다. 사람을 설득하기 위해선 감성을 움직여야 한다는 중요한 사실을 가르쳐 준다. 감성을 터치하고 가슴을 울리는 파토스 역량은 그토록 중요하다. 휴먼의 시대 감성의 시대 21세기에는 더욱 더 그렇다.

그렇다면 파토스 역량을 높이기 위한 습관을 기르기 위해서는 어떻게 하는 것이 좋을까? 자신의 감성서비스 역량을 기를 수 있는 작고도 사소한 습관들을 일상생활 속에서 의식적으로 꾸준히 실천하는 것이 가장 좋은 방법이다. 일상생활 속에서 감성서비스와 관련된 후보군은 얼마든지 있다. 자연 속을 걸으면서 자연을 감상한다든지, 좋은 그림을 자주 감상한다든지, 음악 듣기를 생활화한다든지, 영화나 연극 보기를 즐긴다든지, 멋진 디자인을 감상하고 수집한다든지 하는 것들이다.

생각해 보면 자신만의 감성서비스 습관을 만들 수 있는 후보군은 무궁무진하다. 문제는 자신에 맞는 선택과 지속적인 실천이다. 우선 자신이 좋아하는 감성서비스 습관 후보를 하나 선택하자. 그리고 가능한 매일 지속적으로 꾸준히 실천하자. 그렇게 해서 어느 정도 시간이 지나면, 어느샌가 모르게 감성에너지로 꽉 찬, 새로운 자신의 모습을 발견하게 될 것이다. 감성서비스 습관도 그렇게 소리 없이 기를 수 있다.

④ 재미서비스 습관

우리가 일상적으로 뭔가를 보고 좋다 나쁘다, 또는 마음에 든다 마음에 안 든다 등을 판단할 때 도대체 무슨 기준으로 판단하는 걸까? 필자는 크게 두 가지 판단기준이 있다고 본다.

첫 번째로는 '가치가 있다, 가치가 없다'로 판단한다. 그리고 두 번째로는 '재미가 있다, 재미가 없다'로 판단한다. 가치에 관한 판단은 이성에 의한 판단이며, 재미에 관한 판단은 감성에 의한 판단이다. 사람들은 이성적으로 가치를 추구하지만, 본능적으로 놀이와 재미도 같이 추구한다. 우리들의 어릴 때를 회상해 보면 금방 알 수 있다. 어린 시절 우리는 얼마나 놀이와 재미에 목매달았던가? 재미는 우리에게 가치 못지않게 너무나도 중요한 삶의 엔진이자 에너지다.

그럼, 어떻게 하면 재미서비스 역량을 제대로 기를 수 있을까? 필자의 제안은 의외로 단순하다. 모든 일을 할 때 언제나 두 가지 질문을 함께 하는 습관을 들이는 것이다. 첫 번째 질문은 '이것을 좀 더 가치 있게 만들 수 있는 방법은 없을까?'다. 그리고 두 번째 질문은 '이것을 좀 더 재미있게 만들 수 있는 방법은 없을까?'다.

무슨 일을 하든 위의 두 가지 질문을 차례로 던지면서, 자신만의 작은 답을 제시해 보고 그 답을 스스로 실천해 보는 습관을 지속적으로 만들어 보자. 머릿속에 항상 가치와 재미라는 두 개의 단어를 넣어두고, 뭔가를 할 때마다 이 두 개의 단어를 끄집어내어 뭔가 새로운 아이디어가 없는지 한 번 더 생각해 보는 습관을 들이자.

베이비부머로
미리 보는
인생 르네상스

베이비붐 세대의 특별함에 관하여

노년 일자리가 늘면 청년 일자리가 준다고?

스스로 만드는 복지가 진정한 복지다

중·노년을 위한 새로운 국민교육시스템

고령화로 푸는 저출산대책

베이비부머로 평생현역 모델을 만들자

100세 현역, 신노년운동

베이비붐 세대의
특별함에 관하여

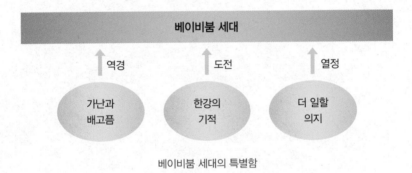

베이비붐 세대의 특별함

베이비부머는 역경과 도전과 열정의 용광로다

대한민국의 베이비부머는 역경과 도전과 열정의 상징이다. 베
이비붐 세대는 나라마다 조금씩 다르다. 미국의 경우, 제2차 세
계대전이 끝난 1946년부터 1965년 사이에 출생한 세대를 말한
다. 일본의 경우, 1947년부터 1949년 사이에 출생한 세대를 말한

다. 우리나라의 베이비붐 세대는 6·25전쟁 이후인 1955년부터 1963년 사이에 출생한 세대를 말한다. 현재 54세에서 62세의 나이에 있는 연령으로 712만 명에 달한다.

한국의 베이비붐 세대는 특별한 역사를 지니고 있는 독특한 세대다. 6·25전쟁으로 폐허가 된 나라에서 가난과 배고픔의 역경을 이겨 내야만 했던 세대다. 1950년의 우리나라 1인당 국민소득이 67달러, 1960년에도 87달러에 불과했다. 2015년의 1인당 국민소득이 27,000달러를 넘어선 것과 비교하면 경제적으로 얼마나 못살았는지를 짐작할 수 있다.

그런 어려움 속에서도 대한민국의 경제발전을 견인한 세대다. 무에서 유를 창조하고 한강의 기적을 이끈 세대다. 세계에서 유일하게, 원조를 받던 나라에서 원조를 주는 나라로 탈바꿈하는 데 앞장섰던 세대다. 부지런함과 끈기를 통해 뭐든지 해낼 수 있다는 것을 보여준 도전과 성취의 상징이 되는 세대다.

한국의 베이비붐 세대는 대중적 고등교육을 체계적으로 받은 최초의 집단이다. 집안이 찢어지게 가난해도 자식교육은 반드시 시키겠다는 부모들의 헌신과 희생을 통해 성장한 세대다. 한 교실에 70명 이상이나 들어가고, 오전·오후로 나누어서 공부하는 콩나물시루 교실에서도 배움에 열중하던 세대다. 가난해도 교육과 배움을 통해 개천에서 용이 나는 전설을 실현했던 세대다. 대한민국이 세계최고의 교육열을 가진 나라라는 이미지를 만든 주인공들이다.

한국의 베이비부머들은 평균 24.95세에 결혼했다. 25세가 채

되기 전에 결혼생활을 시작한 것이다. 위로는 부모를 부양하고 아래로는 자식들을 열심히 공부시킨 세대다. 20대의 젊은 시절부터 50대에 은퇴할 때까지 30여 년을 열정적으로 오로지 일에만 매달려 왔던 세대다.

베이비부머는 인생 르네상스 부머다

그런 특별한 베이비부머들이 서서히 은퇴하기 시작하고 있다. 조사에 따르면, 매년 20만 명에 가까운 베이비부머들이 은퇴할 예정이라고 한다. 2016년부터 2020년까지 향후 5년간 약 100만 명에 가까운 베이비부머들이 은퇴하게 된다고 한다. 그런데도 이들 베이비부머는 더 일하고 싶어 한다. 은퇴하는 베이비부머들을 대상으로 한 어느 조사에서는, 조사대상의 90%가 넘는 베이비부머들이 일을 더 계속하고 싶다는 의향을 보이고 있다.

그러나 현재 이들이 갈 만한 마땅한 일자리가 없는 것이 현실이다. 청년실업도 하늘을 찌르고 있어 30여 년을 일하고 은퇴한 베이비부머들이 다시 일자리를 찾는 것은 하늘의 별따기다. 그럼에도 불구하고 베이비부머들은 평균 수명 100세 인생을 사는 인류 최초의 세대가 될 것임에 틀림없다. 그렇기 때문에 40년에서 50년 가까이 남은 인생 후반전을 조화롭고 행복하게 살아갈 새로운 인생모델을 정립해야만 하는 인류최초의 세대이기도 하다.

이것이 과연 가능한 일일까? 필자는 충분히 가능하다고 믿는다. 베이비부머의 지나온 역사가 있기 때문이다. 그들이 살아온 역사가 역경과 도전과 열정의 역사였기 때문이다. 뭔가를 해 본 사람은 할 수 있다고 한다. 수십 년에 걸쳐, 역경에 맞서, 열정을 가지고 도전해 본 사람은 앞으로도 그렇게 할 수 있다. 지난 30여 년을 그렇게 살아온 베이비부머들은 앞으로 전개될 새로운 인생 후반전 40년, 50년도 잘 헤쳐 나갈 수 있다고 믿는다. 해 본 사람은 할 수 있다. 그래서 베이비부머는 할 수 있다. 게다가 베이비부머는 결코 혼자가 아니다. 7백만 명이 넘는 어마어마한 숫자다. 백만 대군만 되어도 어마어마한데, 7백만 명이 넘는다. 힘을 합하면 된다. 할 수 있다는 것을 여기저기서 보여주고, 서로 배우고 서로 도우면 못할 것이 없다.

그렇기에 필자는 한강의 기적을 만든, 대한민국 성공신화의 주인공인 베이비부머가 다시 한 번 새로운 신화를 쓸 것을 믿는다. 앞으로 펼쳐질 인생 후반전 40년, 50년 동안 우리들 인생에서도 르네상스가 어떻게 가능한지를 보여주는 인생 르네상스 부머가 될 것이라 믿는다.

02 노년 일자리가 늘면
청년 일자리가 준다고?

가정1: 전체 일자리 수 고정

노년 일자리와 청년 일자리 가정1

가정2: 전체 일자리 수 증가

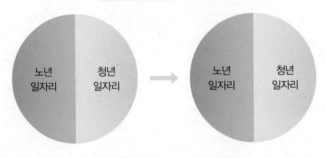

노년 일자리와 청년 일자리 가정2

노년 일자리도 청년 일자리도 같이 늘어날 수 있다

모두가 걱정한다. 노년 일자리가 늘어나면 청년 일자리가 줄어든다고. 그래서 다들 노년 일자리를 늘리자고 대놓고 얘기하기를 겁낸다. 왜냐하면 청년 실업이 하늘을 치솟고 청년 일자리도 턱없이 부족한 판에, 고령자 일자리 타령이라고 눈치 받을까 걱정하기 때문이다. 대학을 갓 나온 젊은이들도 일자리가 없는 판에, 수십 년이나 되는 오랜 세월을 계속해서 일해 온 노년들의 일자리가 웬 소리냐고 핀잔을 받기 십상이기 때문이다.

그러나 다시 한 번 생각해 보자. 노년 일자리가 늘어나면 정말로 청년 일자리가 줄어들까? 물론 줄어들 수는 있다. 하지만 그것은 사회 전체의 일자리 수가 고정되어 있다는 전제에서만 그렇다. 전체 일자리 수가 고정되어 있다면, 노년 일자리 수가 늘어날 때 청년 일자리 수가 줄어드는 것은 당연하다.

그러나 만일 늘어나는 노년의 일자리가 청년 일자리의 숫자와는 무관하게 늘어난다고 가정해 보자. 충분히 그럴 수 있지 않는가? 우리가 고민해야 하는 것은 바로 이런 것이 아닌가? 구체적인 예를 한번 들어 보자. 대한민국은 지금 창조경제의 활성화로 창업열기가 뜨겁다. 청년들의 스타트업에 대한 정부의 지원도 매우 적극적이다. 이 스타트업 지원프로그램에 정년퇴직한 전문가들을 활용하는 방안을 한번 생각해 보자.

예를 들어 스타트업에 도전한 전국의 젊은이가 5만 명 있다고 해보자. 이들 젊은이들이 스타트업에 성공하고 지속적인 비즈니스를 해나가기 위해서는 관련경험과 경륜을 가진 중·장년층, 또는 노년층의 도움이 필요한 경우가 많다. 따라서 스타트업을 시작한 젊은이들과 나이 든 사람들의 경험과 경륜을 매칭시켜서 연결해 주는 청년-시니어 협업사이트를 온라인과 오프라인에서 만들어서 서로가 만나도록 주선할 수 있다. 그중에서 10%만 성공하더라도 기존의 일자리 시장에 더해서 5천 명의 청년과 5천 명의 시니어가 추가로 일자리를 얻는 효과가 있다.

이것은 하나의 예일 뿐이다. 조금만 더 함께 방안을 강구한다면 셀 수 없이 많은 일자리 창출 모델이 나올 수 있다. 그러니 사회 전체의 일자리 수가 고정되어 있다는 고정관념을 버리자. 바야흐로 창조경제 시대다. 새로운 아이디어로 사회 전체의 일자리 수는 얼마든지 늘어날 수 있다는 열린 생각을 가지자. 그러면 노년 일자리도 청년 일자리도 얼마든지 함께 늘어날 수 있다.

03 스스로 만드는 복지가 진정한 복지다

시대별 복지

지속가능한 진정한 복지는 스스로 만들 때 완성된다

2016년도의 정부예산은 총 387조 원이다. 그리고 그중에서 보건, 복지, 노동관련 정부예산은 123조 원으로, 전체 정부예산의 약 3분의 1을 차지하고 있다. 고령화가 급속하게 진행되고 있어 앞으로도 복지예산의 지속적인 증가는 불가피할 것으로 보인다. 그러나 이 상태로 간다면 제한된 정부재정으로 눈덩이처럼 늘어나는 복지수요를 충족시키는 것은 현실적으로 불가능할 것으로 전망된다. 따라서 복지를 원점에서 재조명해 보아야 할 시점이다.

대한민국 복지정책의 역사를 살펴보면 크게 세 개의 복지흐름이 있음을 알 수 있다. 경로복지, 보건복지, 고용복지가 그것이다.

대한민국 복지의 원조는 경로복지다. 말 그대로 노인들을 공경하는 복지가 중심이다. 전국의 각 마을마다 경로당을 지어 운영한다거나, 65세 이상의 노인들에게는 버스나 지하철과 같은 대중교통의 요금을 면제해 주는 것 등이 그 대표적인 예다.

고령화의 진전에 따라 복지의 무게중심은 경로복지에서 보건복지로 옮겨갔다. 노인들을 위한 보건의료서비스의 지원이 그 대표적인 예다. 나이가 들면서 건강이 가장 큰 문제가 되는 것을 감안하면, 당연한 추세라고 할 수 있다.

그런데 이제는 보건복지에서 한 걸음 더 나갈 수밖에 없는 시대가 되고 있다. 장수혁명으로 평균 수명 100세 시대가 다가오면서, 직장에서 정년퇴직한 이후에도 수십 년을 더 살아야 하는 세상이 되었다. 이제는 노인들에게 건강만 필요한 것이 아니라, 생활을 지탱해 줄 돈이 필요하고, 돈과 건강과 보람을 동시에 가져다줄 일이 필요하게 되었다.

이러한 추세를 반영하여 경로복지, 보건복지를 넘어 새로운 복지가 탄생하였다. 이른바 고용복지다. 고용복지는 건강하면서 일하고자 하는 의지가 있는 고령자들에게 일할 기회를 주는 것과 관련된 복지다. 경로복지와 보건복지가 소극적 복지정책이라고 한다면, 고용복지는 보다 적극적인 복지정책이라고 할 수 있다.

일할 수 있는 노인이 일할 수 있도록 지원하는 고용복지야말로 노인이 자신을 위한 복지를 스스로 창출하는 효과를 가지는, 지속 가능한 미래지향적 복지라고 할 수 있다. 한마디로 셀프 웰페어 Self Welfare다. 그런 점에서 앞으로도 고용복지는 훨씬 더 늘어나고 강화되어야 한다.

04 중·노년을 위한 새로운 국민교육시스템

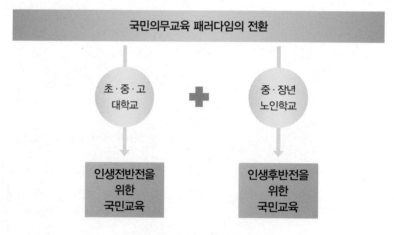

국민 의무교육 패러다임의 전환

한 번 배워서 평생 써먹는 시대는 끝났다

우리는 보통 몇 년을 학교에서 배웠을까? 옛날 기억을 한번 더

듬어 보자. 초등학교 6년, 중학교 3년, 고등학교 3년, 대학교 4년. 이렇게만 해도 16년이다. 대학 재수 1년, 대학 휴학 1년, 군복무 2년 등을 넣으면 금방 20년이 되어 버린다. 이렇게 20년 가까이 학교에서 배운 후에 약 30년간 직장에서 일하다 정년퇴임한다. 20년 학습, 30년 노동 그리고 은퇴. 이것이 보통사람들이 겪어 온 20세기의 전형적인 인생모델, 학습-직업모델이었다.

그러나 이젠 패러다임이 근본적으로 변했다. 한 번 배워서 평생 써먹는 시대는 끝났다. 이유는 지극히 간단하다. 60세 은퇴 이후에도 40년, 50년의 길고 긴 세월이 까마득히 남아있기 때문이다. 적어도 100세까지는 일을 계속해야 생존이 가능하고 자립이 가능하기 때문이다.

그러면 어떻게 해야 하는가? 국민교육 패러다임을 근본적으로 바꿀 필요가 있다. 초·중·고등학교와 대학교에서 청소년만을 대상으로 교육 하던 국민교육시스템만으로는 이젠 안 된다. 원하는 성인들을 대상으로 하는 평생교육 시스템이 있다고 해결되는 것도 아니다. 원칙적으로 모든 중·장년층과 모든 노년층을 대상으로 해서 인생 후반전을 위한 새로운 국민 의무교육 제도가 마련되어야 한다.

모두의 인생 후반전을 위한 국민교육 제도의 도입

50여 년 전인 1960년대. 우리는 그때 정말 찢어지게 가난했다.

그나마 다행스럽게도 초등학교 의무교육 제도가 있었다. 만 7세가 된 모든 어린이들은 초등학교에 들어가 무료로 6년간이나 교육을 받을 수 있었다. 국어, 수학, 과학, 음악, 미술, 체육…. 인생을 살아가는 데 필요한 가장 기본적인 지식을 그때 배웠다. 우리가 인생 전반전을 그래도 잘 살아올 수 있었던 가장 큰 힘도 실은 초·중·고등학교와 대학교 때까지 배우고 익혔던 기본적인 지식과 역량 덕분 아닐까 싶다.

그런데 우리는 아직도 인생 후반전 50년, 60년을 남겨두고 있다. 50대 또는 60세에 직장에서 정년퇴임한 후에 다가오는, 몹시도 어려운 시간으로 50년, 60년을 더 살아야 하는 것이 대부분 사람들의 숙명이다. 과연 수십 년 전 초·중·고와 대학교 때 배운 것만으로 새로운 50년을 제대로 살아갈 수 있을까?

그렇게 해서는 도저히 제대로 살아갈 수 없다. 우리를 둘러싼 변화의 속도와 강도는 무섭게 빨라지고, 급격해지고 있다. 끊임없이 배우지 않으면 생존하기 힘든 세상이다. 그래서 이젠 청소년을 위한 국민교육을 넘어, 어른을 위한 국민교육 제도를 새롭게 정착시켜 나가야 할 때다. 인생 후반전을 위한 국민교육 시스템을 구축해야 한다.

중·장년 및 노인을 위한 국민재교육이 최고의 국민복지다

대한민국은 고령화 사회 국가전략을 꾸준히 만들어 왔다. 수많은 정책이 있지만, 무엇보다 중요한 정책을 한 가지 더 추가할 필요가 있다. 중·장년과 노인을 위한 국민재교육 국가전략이다.

몇십 년 전에 초등학교 의무교육 제도를 만들었듯이, 이제는 모든 중·장년과 노인을 위한 국민재교육 제도를 새로 만들어야 한다. 기간은 짧아도 좋다. 초등학교는 6년이지만, 중·장년·노인을 위한 학교재교육은 1년만 해도 충분할 수 있다. 긴 인생을 살아온 경험과 경륜이 있으므로, 단기간에 집중적으로 교육해도 효과는 크게 나타날 수 있기 때문이다.

교육 시설을 추가로 따로 만들 필요도 없다. 대한민국은 심각한 저출산으로 수많은 어린이집과 초등학교가 폐교 위기에 있다. 대학교도 학생 수가 줄어들고 있어 고민이다. 기존의 이런 시설들을 활용하면 된다. 중·장년과 노인들을 가르칠 교사와 교수도 마찬가지다. 어린이집 선생님, 초·중등학교 교사들을 얼마든지 활용할 수 있다. 교대와 사범대를 졸업하고 취업을 못하고 있는 교사 후보들도 수없이 많다. 이들을 조금만 교육·훈련시켜도 충분히 가능하다. 중·장년과 노인들은 경험과 경륜이 많아 서로가 서로를 가르칠 수도 있다.

성인과 노인을 위한 국민 의무교육을 시작하자

다행히도 선진 각국에서도 비슷한 논의가 시작되고 있다. 2016년 7월에 북유럽지역 협의기구인 노르딕협의회에서 노년층을 포함한 성인을 대상으로 의무교육을 도입해야 한다는 제안이 있었다. 노르딕협의회의 조사위원인 폴 닐슨Paul Nielson은 '북유럽 지역에서의 근로 생활'이라는 보고서를 통해 이러한 제안을 하였다. 보고서에서는 어린이에게만 해당되었던 의무교육을 성인에게도 적용해야 한다고 주장했다. 고령화와 수명 연장에 따라 은퇴 연령이 늦어진 만큼, 노년층을 위한 새로운 형태의 의무교육이 도입되어야 한다는 것이다. 정말 바람직한 제안이다. 노년층을 포함한 성인 의무교육 제안자인 폴 닐슨은 "더 일할 수 있는 60~65세의 사람들에게 자신의 기술을 새로이 할 수 있는 기회를 주어야 한다. 이것은 새로운 의무이자 권리이다."라고 강조했다.

그리고 그는 어린이와 젊은이를 대상으로 한 의무교육이 사회의 책임이라는 것은 오랫동안 논란의 여지가 없는 사실이었던 것처럼, 성인 의무교육이 북유럽 노동시장의 국제 경쟁력을 높여줄 것이라고 주장하고 있다. 그는 이 제안을 현실화하기 위해서 협의회와 실무그룹이 각 국가에서 실험적으로 성인 의무교육을 실시함으로써 비용 등을 추산할 필요가 있다고 제안했다. 실제로 북유럽협의회는 2016년 11월에 폴 닐슨의 제안에 대해 구체적으로 논의할 계획이다.

대한민국도 이제는 중·장년 및 노인을 위한 국민재교육 제도를 검토하고 실행계획을 세우기 시작해야 할 때다. 이 제도를 열렬히 받아들일 준비가 되어 있는 7백만여 명의 베이비부머가 기다리고 있어 성공 가능성은 확실하게 보장되어 있다고 필자는 믿는다. 그렇게 되면 국민교육열로 한강의 기적을 이루어 세계를 놀라게 했던 대한민국이, 중·장년·노인을 위한 국민교육으로 100세 현역 시대의 글로벌 선진모델이 되어 다시 한 번 세계를 놀라게 할 것임에 틀림없다. 사람이 최고의 자산인 인재강국 대한민국만이 이룰 수 있는 21세기의 새로운 기적이다.

05 고령화로 푸는 저출산 대책

따로따로 정책

교집합을 늘려라
공통분모를 키워라

고령화 대책과 저출산 대책

한국판 신 저출산 · 고령화대책

대한민국에게는 저출산도 고령화도 커다란 숙제다. 우리는 세계에서 출산율이 가장 낮은 국가의 하나이면서, 고령화의 속도는 가장 빠른 나라다. 저출산과 고령화의 위협이 한꺼번에 밀어닥치고 있는 나라다. 저출산의 문제는 이미 체감할 수 있다. 전국

6,218개 초등학교 중에서 2016년도 입학생이 10명 미만인 학교가 1,395개교나 된다고 한다. 초등학교 5개 학교당 한 학교 꼴로 입학생이 10명 미만이란 얘기다. 말도 안 되는 상황이 벌어지고 있다.

부모와 자식 간의 인구수를 비교해 보면 그 이유를 짐작할 수 있다. 1970년에 출생한 사람은 103만 명, 1971년생은 102만 명이다. 이에 비해 이들의 자녀세대에 해당하는 2002년생은 49만 명, 2004년생은 47만 명에 불과하다. 한 세대를 지나면서 인구수는 반쪽이 된 셈이다.

십수 년 전부터 정부는 저출산 문제를 풀기 위해서 가능한 방법을 총동원하고 있다. 그러나 그럼에도 불구하고 여전히 효과는 미미하다. 도대체 어떻게 해야 할까? 엉뚱한 발상이라고 비판받을 수도 있겠지만, 전혀 새로운 제안을 하고 싶다. 대한민국의 양대 골칫거리인 저출산과 고령화 문제를 따로따로 풀 것이 아니라, 묶어서 풀 수 있는 방법을 모색해 보자고.

예를 한번 들어보자. 입학할 어린이의 수가 절대적으로 부족해짐에 따라 폐교하는 초등학교가 속출하고 있다. 소규모학교 통폐합정책이 도입된 1982년부터 지금까지 문을 닫은 전국의 초·중·고교는 3,725개교다. 지난 33년간 전국에서 한 해 평균 113개교씩 사라진 셈이다. 초등학교의 사정이 이렇다면, 아마도 유치원이나 어린이집의 경우는 그 상황이 훨씬 더 심각할 것으로 쉽게 짐작할 수 있다.

폐교되는 학교를 관광자원으로 활용하거나 다른 용도로 활용하는 방안들이 모색되고 있기는 하지만, 필자의 개인적 견해로는 학교는 학교로써 활용할 수 있으면 제일 바람직할 것이다. 대신에 학교의 고객을 달리하면 되는 것이다. 여태까지는 유치원, 어린이집에서 어린아이들만 가르쳐 왔지만 어른을 가르치지 못할 이유가 없다. 초·중·고에서는 청소년을 가르쳐 왔지만 배우고자 하는 고령자들을 못 가르칠 하등의 이유가 없다. 폐교 위기에 있는 학교들을 어른, 노인, 은퇴자들을 가르칠 공간으로 새롭게 탈바꿈시킬 수 있는 방안을 고민해 보자. 그리고 성공사례를 만들어 보자. 그러면 삽시간에 그런 성공사례가 전국적으로 확산될 수 있다.

나이가 들면 다시 어린이가 된다고 한다. 배움에 있어서는 정말 맞는 말이다. 은퇴자와 노인들이 누구인가? 배움에 있어서는 어린이, 청소년으로 다시 태어날 수 있는 분들이다. 물론 국어, 영어, 수학만을 배운다는 얘기는 아니다. 문화, 예술, 음악, 체육, 창의역량, 정보통신기술 등 시대가 요구하는 새로운 배움은 끝이 없다. 인생 르네상스를 위해서는 초·중·고교를 다시 한 번 다닌다는 마음으로 배우는 것이 바람직하다.

유치원과 어린이집의 교사들은 어린이들만 가르칠 수 있는가? 초등학교 교사들은 초등학생들만 가르칠 수 있는가? 천만의 말씀이다. 조금만 더 훈련받으면 교사들은 누구든지 가르칠 수 있다. 게다가 유치원, 어린이집, 초등학교 교사들이 가르치는 영역은 단일 전공과목이 아니라 대단히 포괄적인 영역이다. 은퇴자와 고령자들을 가르치는 것은 우리가 생각하는 것보다 훨씬 더 쉬울 수 있다.

그뿐만이 아니다. 인생을 충분히 경험한 중년과 노년을 가르치는 것은 상대적으로 훨씬 더 쉬울 수 있다. 이미 인생에서 스스로 많은 것을 경험했고 터득했기 때문이다. 심지어는 직접 하나하나 가르치지 않아도 된다. 배움의 멍석만 깔아 주어도 된다. 고령자들을 한 공간에 모아놓기만 하면, 고령자들 스스로 자발적으로 토론학습, 상호학습을 통해 서로를 가르치면서 함께 배울 수 있다.

이렇게 고령화로 저출산 문제를 해결하는 새로운 시도를 해 보자. 아이들의 수를 늘리는 직접적인 효과는 없지만, 줄어든 아이들로 인해 생기는 다양한 사회적 문제를 해결할 수 있는 간접적인 효과는 충분히 거둘 수 있다.

만일 이런 구상이 제대로 실현된다면 저출산 문제와 고령화 문제를 함께 풀 수 있게 된다. 골칫거리 양대 이슈를 두 마리 토끼로 둔갑시켜 한꺼번에 잡을 수 있다. 저출산 따로, 고령화 따로 풀지 말자. 두 문제를 함께 엮어서 풀 수 있는 방법이 없을까 연구하자.

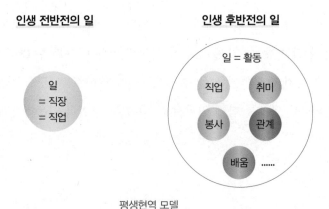

인생 전반전의 일

일
= 직장
= 직업

인생 후반전의 일

일 = 활동

직업   취미

봉사   관계

배움 ......

평생현역 모델

100세 시대 최초의 평생현역 후보군, 베이비부머

1955년에서 1963년 사이에 태어난 베이비붐 세대는 712만 명
이다. 7백만 대군이다. 이 7백만 베이비부머들은 120세 시대를
맞이하는 최초의 세대가 될 것이다. 평생현역으로 100세까지 일

264

하게 될 최초의 세대이기도 하다. 그러나 현실은 냉혹하다. 일자리는 턱없이 부족하다. 일자리가 있다고 해도 단순노동 일자리가 대부분이다. 그것마저도 아들뻘 되는 청년들과 경쟁해야 하는 슬픈 현실이다.

어떻게 해야 할까? 필자의 제안은 단순하다. 일의 범위를 새롭게 재정의하는 것이다. 베이비부머들이 지난 30여 년간 해온 일은 곧 직장이자 직업이었다. 그러나 앞으로 인생 후반부에 하게 될 일은 직업으로서의 일뿐만이 아니다. 직업으로서의 일 외에 취미생활, 여가활동, 학습활동, 봉사활동 등이 모두 포함될 수 있다. 그런 점에서 인생 후반전의 일이란, 해야 할 일Work to do이라기보다는 할 수 있는 활동Activities이라고 표현하는 것이 더 적절할 듯싶다.

인생 전반전에는 직업으로서의 일을, 인생 후반전에는 보다 넓은 활동으로서의 일을 추구하도록 일을 재정의하는 것은 장점이 많다. 우선, 베이비부머들에게 심리적 안정감을 준다. 인생 후반전에도 반드시 직업으로서의 일만을 찾아야 한다는 부담감에서 벗어날 수 있다. 취미생활, 여가활동, 봉사활동, 학습활동 등 자신에게 부합하는 보다 넓은 의미의 활동들을 다양하고 자유롭게 추구해 볼 수 있다. 그리고 그 가운데서 자신에게 적합한 직업으로써의 새로운 일을 찾을 수도 있다.

취미생활을 하다가 취미가 새로운 전문영역이 될 수도 있다. 직업으로서의 일도 하면서 봉사활동을 병행할 수도 있다. 해 보고 싶은 분야에서 새로 교육을 받고 그 분야의 직업에 새롭게 도전해 볼 수도 있다. 일을 이렇게 활동으로 폭넓게 정의하면, 새로운 가능성도 그만큼 넓어질 수 있다. 이러한 과정을 통해 베이비붐 세대는 좀 더 여유롭게 새로운 인생 후반전을 열어갈 수 있다. 직업으로서의 일만 하는 인생 전반전을 넘어서, 광의의 활동으로서의 일을 추구하면서 120세 인생 100세 현역시대를 만들어갈 수 있다.

7백만 베이비붐 세대는 그런 새로운 가능성과 21세기 평생현역 선도모델을 보여줄 수 있는 세대다.

70세~100세 평생현역들의 생생한 사례

70세~100세 평생현역들의 생생한 사례

65세는 아직 청년, 79세까지도 아직 중년이다

앞에서도 언급했지만 나이와 무관한 사회가 전개되고 있다. 70세, 80세, 90세가 되어도 여전히 정력적으로 활동하고, 전문가로서 인정받는 사람들이 점점 늘어나고 있다. 철학자 김형석 교수는 97세에 『백년을 살아보니』를 저술하였다. 74세의 소설가 조정래는 지금도 하루 10시간 이상 글을 쓰고 있고, 75세의 감독 김성근은 지금도 하루 종일 야구장에서 리더십을 발휘하고 있다. 배우 이순재, 의사 이시형, 저술가 이어령은 모두 80대지만 청춘보다 더 에너지 넘치게 일하고 있다. 이미 작고했지만 피카소, 피터 드러커, 등소평 등은 90세가 넘어서도 정력적으로 활동했다.

지금은 더더욱 나이와 무관한 사회가 되었다. 80대, 90대가 되어도 여전히 건강한 노인들이 많다. 젊을 때보다 지적으로 더 성숙한 노인들도 넘친다. 노인의 가능성에 대해서 원점에서 다시 생각해야 할 때다.

이런 추세를 반영해서 UN은 나이 분류를 새롭게 했다. 우리가 주목해야 할 대목이다. UN의 새로운 나이 분류에 따르면 18세에서 65세까지는 청년이다. 이전에 노년으로 분류되던 66세~79세는 중년으로 분류하고 있다. 이전에는 40대~50대를 중년으로 분류하던 것과 비교하면 변화의 정도를 절감할 수 있다. 그리고 80세~99세를 노년으로, 100세 이상을 장수노인으로 분류하고 있다.

UN에 의한 새로운 나이 분류

나이	구분
0~17세	미성년자
18~65세	청년
66~79세	중년
80~99세	노년
100세 이상	장수노인

UN에 의한 새로운 나이 분류

평생현역 범국민운동, 신노년운동

대한민국의 지난 역사 속에서 가장 성공적이었던 범국민운동을 하나 꼽으라고 하면, 단연 새마을운동이 뽑힐 듯싶다. 새마을운동은 33,267개에 달하는 전국의 모든 읍면동에 시멘트 335포대씩을 지원해서, 각 마을마다 하고 싶은 사업을 자율적으로 하도록 장려한 데서 출발하였다. 사업을 잘 수행한 16,600개 부락에 대해서는 또다시 시멘트 500포대와 철근 1톤씩을 추가 공급함으로써 경쟁적 · 선별적 방식으로 추진되었다.

새마을운동은 초기에는 농촌개발사업으로 시작되었으나 공장, 도시, 직장 등 한국사회 전체를 커버하는 사회근대화운동으로 확대 · 발전하게 되었다. 결과적으로는, 함께 잘살아 보자는 기치 아래 근면 · 자조 · 협동을 생활화하는 의식개혁 운동으로도 발전하게 되었으며, 경제적으로 자립하여 선진국대열에 꼭 진입해야 한다는 의지와 희망을 전 국민에게 심어준 국민적 근대화 운동으로 자리매김하게 되었다.

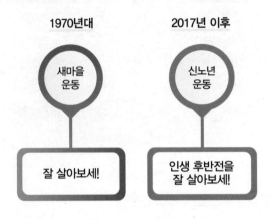

새마을운동과 신노년운동

　새마을운동은 50여 년 전, 가난에 쪼들리고 경제적으로 궁핍했던 우리 사회를 잘살게 만들고 국민의식까지도 업그레이드시킨 정부 주도의 범국민운동이었다. 지금도 전 세계의 개발도상국들은 우리나라의 새마을운동을 열성적으로 벤치마킹하고 배우고 있다. 새마을운동이 성공하게 된 배경에는 잘살아 보겠다는 전 국민의 열망 및 열정, 열심히 노력하면 잘살 수 있다는 모든 국민의 굳은 의지와 근면함, 모두가 힘을 합쳐 함께 노력한 협동정신이 성공의 핵심 원동력이 아니었을까 생각한다.

　세계에서 가장 빠른 속도로 고령화가 진행되고 있는 지금, 대한민국은 다시 한 번 새마을운동과 같은 21세기형 범국민운동을 전개하는 것이 절실히 필요한 시점이다. 1970년대에는 전국의 마을 하나하나를 새롭게 하는 새마을운동이 있었다면, 지금은 대한민국의 노년 한 명 한 명을 새롭게 하는 신노년운동이 필요한 시점이다. 새마을운동이 '우리도 함께 잘살아 보세' 라는 슬로건 아래 뭉쳤다면, 신노년운동은 '인생 후반전을 우리 함께 잘살아 보세' 라는 새로운 슬로건 아래 뭉치면 좋겠다.

대한민국은 참 독특한 저력을 가지고 있는 나라다. 저마다 뿔뿔이 흩어진 느낌이 들다가도, 뭔가 국민적인 힘을 모아야 할 공감대가 만들어지면 무서운 저력을 발휘하는 국가다. 신노년운동으로 그것을 보여줄 수 있는 절호의 기회가 다시 왔다.

함께 누리자,
100세 시대 르네상스 인생

평균 수명 100세 시대를 맞아 기나긴 인생 후반전을 제대로 준비하고 싶은 분들을 위해서 시작했던 책을 드디어 마무리했다. 다시 읽어 보니 부족하고 미흡한 부분도 많다. 글을 읽은 독자 스스로 보충할 것으로 믿고, 우선 여기서 마무리한다.

여기까지 읽은 독자 여러분께 진심으로 감사드린다. 한 권의 책을 끝까지 읽는다는 것은 쉽지 않은 작업이다. 끝까지 읽으신 독자들의 멋진 인생 후반전 만들기에 작은 도움이 되었기를 진심으로 바란다.

이 책은 독자들을 위한 책이기도 하거니와 필자 자신을 위한 책이기도 하다. 필자 역시 인생 후반전을 준비하고 있는 한 사람이기 때문이다. 지난 2년간 인생 후반전을 어떻게 준비할까 고민하면서 한 페이지 한 페이지 만든 책이기도 하다.

이 책을 덮기 전에 100살의 나이가 된 우리들의 모습을 같이 한 번 상상해 보자. 몸은 많이 약해지고 거동도 자유롭지 않을 수 있다. 그러나 2천 년 전 키케로가 얘기했던 것처럼, 정신은 맑고 통찰력은 깊어져 있을 것이다. 군졸처럼 전쟁터에서 총칼을 들고 싸우지는 않지만, 책상에 앉아 전략을 구상하고 지혜가 담긴 조언을 하는 멋진 노인의 모습을 떠올릴 수 있다. 100살에도 행복하게 일하고 있을 우리들의 모습이다. 그런 모습을 함께 꿈꾸며, 함께 만들어 나갔으면 하는 바람이 가득하다.

책이 나오기 전부터 이미 독자가 되어, 다듬어지지 않은 원고를 끈기 있게 읽으면서 쓴 소리와 아이디어를 계속 공급해 준 아내 윤성숙에게 진심 어린 감사의 마음을 전하고 싶다.

이 책을 쓰기 위해 정말 많은 책을 읽었다. 돌이켜 보면 좋은 책들이 참 많았다. 인생 르네상스를 꿈꾸며 부족한 이 책을 넘어서 더 깊고 넓은 독서를 하고 싶은 독자들을 위해, 필자가 읽은 책들 중 특히 도움이 될 만한 책들을 골라 부록에서 소개하였다. 필자가 미처 못다 한 얘기를 동서고금의 대가들이 가이드해 줄 것으로 믿는다. 유익한 참고자료가 되면 좋겠다.

평균 수명 100세 시대, 장수 수명 120세 시대는 무한한 가능성을 가진 더없는 축복이다. 우리는 그 누구도 맛보지 못했던 50년 이상의 새로운 시간과 새로운 공간을 갑작스럽게 선물 받았다. 함께 누리고 함께 만들자, 100세 시대, 밝고 행복한 인생의 르네상스를.

대가들이 말해주는
100세 시대 평생현역 가이드

〈100세 시대, 다시 청춘〉(이성민, 씽크뱅크, 2015)

인생의 진정한 승부는 퇴직 후부터 시작된다.

100세 시대? 곧 나의 문제다. 퇴직 후 준비는 어떻게? 단순하게. 퇴직
후 준비의 출발점? 생각부터 바꿔라. 인생의 궁극적 목표? 내 삶의 주
인으로 산다. 이렇게 질문하고 답하면서 다시 청춘을 만드는 책.

〈퇴직 후 인생경영〉(이회승, 마이북스, 2012)

은퇴 후에는 일을 더욱 사랑하라.

노인에게는 일거리야말로 생명을 연장해주는 생명수 같은 것. 야구의
승부도 9회 말 투아웃부터인데, 하물며 앞으로도 50년, 60년이란 시간
이 남았다면 지금 무언가를 다시 시작하는 것은 결코 늦지 않다.

〈인생학교-일〉(로먼 크르즈나릭, 쌤앤파커스, 2013)

천직은 찾는 게 아니라 스스로 만드는 것이다.

천직을 찾기는 왜 이리 어렵나? 나의 천직은 어디에 있나? 천직은 하
나인가? 천직을 찾는 3가지 질문, 천직을 어떻게 찾고 키워갈 것인가?
목적이 이끄는 삶과 일이란? 등의 질문에 관한 최고의 답변서.

〈인생 리스타트! 나답게 자유롭게〉(호사카 타카시, 즐거운상상, 2015)

'돈' 말고 오래 할 수 있고 '좋아하는 일'을 찾아라.

인생의 한창때가 지나고 이제부터는 서서히 인생의 가을에 접어든다.

그러나 준비하기에 따라서 인생의 새로운 봄이 또 오게 할 수 있다. 가능성은 누구에게나 열려있다. 내가 원하는 나만의 인생을 살아라.

〈노년의 의미〉(폴 투르니에, 포이에마, 2015)

은퇴는 후퇴가 아니라 새로운 전진이다.

노년은 새로운 삶이다. 제2의 이력을 쌓아가야 하는 때이며, 의무적으로 일하지 않고 자기 뜻에 따라 자유롭게 일하는 자발성이란 특징을 지닌 때이다. 열린 마음과 호기심을 갖고 새롭게 시도하라.

〈인생의 절반쯤 왔을 때 깨닫게 되는 것들〉(리처드 라이더 외, 위즈덤하우스, 2011)

나는 내 삶의 예술가이며, 나의 삶이 곧 나의 작품이다 -선승 스즈키-

답은 내 안에 있다. 내 마음을 들여다볼 수 있다면. 혼자만의 시간에 가만히 앉아 내면의 커튼을 열어 보자. 그리고 관객처럼 객관적인 시선으로 나를 바라보자. 나는 무엇을 가장 잘하고 재미있어 하고 관심 있어 하는가?

〈은퇴라는 말을 은퇴시켜라〉(한국시니어비전연구회, 소금나무, 2014)

수명 100세로 인생을 재편성하라. 나의 사전에 퇴직은 있되 은퇴는 없다.

그렇다. 우리는 나이 60의 평균 수명을 살던 예전 세대들과 달리 30년, 40년을 더 덤으로 살게 해준 혜택에 감사해야 한다. 그리고 추가로 얻은 40년이란 이 긴 시간을 소중하고 의미 있게 사용할 의무가 있다.

〈자네 늙어봤나 나는 젊어봤네〉(도야마 시게히코, 책베개, 2015)

인생 1막에 후회가 있다면 인생 2막에 기회가 있다.

인생은 2모작이라고 생각하는 편이 좋다. 아니 3모작, 4모작이라고 생각하는 편이 좋다. 제2의 인생은 길다. 60세를 넘긴 뒤에 시작해도, 70

세를 넘긴 뒤에 시작해도 결코 늦지 않다.

〈노년에 관하여〉(키케로, 궁리, 2007)

육체적으로는 노인일 수도 있으나 정신적으로는 결코 그러하지 않다네.

육체는 쇠약해도 정신으로 이루어지는 일이야말로 노년에 할 수 있는 중요하고 유익한 일이라는 것을 2050여 년 전에 논리적으로 주장. 노인의 유용성과 활용가치에 대해 생각하게 하는 고전 중의 고전.

〈100歳の金言〉(日野原重明(히노하라 시게아키), ダイヤモンド社, 2012)

인간은 누구나 자신의 운명을 디자인할 수 있다.

일본의 103세의 현역의사가 자신이 100년간 살아오면서 체득한 지혜 50가지를 전하는 책. 산소, 행복, 사랑, 역경과 같이 우리들 인생에 빼놓을 수 없는 귀중한 것일수록 눈에 보이지 않는다면서 〈어린왕자〉의 가르침을 다시 한 번 되새기게 해 주는 책.

〈내 나이에 반했다〉(미야케 타카유키, 그린헬스, 2014)

100세 시대 축복인가 재앙인가는 더 이상 남의 일이 아니다.

내 일이다. 인생은 바꿀 수 있다고 생각해라. 인생은 바꿀 수 있다는 각오를 가지면 반드시 바뀐다. 누가 내 인생을 바꾸는가? 어느 누구도 아닌 바로 나 자신이다. 그러므로 우선 자신을 믿어야 한다.

〈세월이 주는 선물〉(조엔 치티스터, 문학수첩, 2010)

아름다운 젊음은 주어진 것이지만, 아름다운 노년은 자신이 만들어가는 것.

육체적으로 쇠잔해 갈수록 정신적 영역은 더욱 성장할 수 있다. 멋지게 나이 든다는 것은, 육체적인 능력만으로 우리의 인생을 한정 짓지 않는 것이다. 노년은 성장을 멈추는 것이 아니라 새로운 방식으로 성장하는 시기다. 우리는 해마다 늙는 것이 아니라 날마다 새로워진다.

〈성적은 짧고 직업은 길다〉(탁석산, 창비, 2009)

이제 유망한 직업이라는 건 존재하지 않는다. 자신에게 맞는 일을 하면 된다.

대학졸업 후 첫 직장을 구할 때는 적성에 안 맞거나 직업 선택이 성공적이지 않을 수 있다. 그러나 20~30년 직장생활, 사회생활을 하면서 사회를 알고 직업을 알고 자신을 알게 된다. 따라서 50대 이후에 다시 직업을 구할 때 직업 선택의 성공 여부는 100% 자신에게 책임이 있다.

〈언제나 당신이 옳다〉(자크 아탈리, 와이즈베리, 2016)

모든 인생의 궁극적인 목표는 나만의 의미 있는 삶을 사는 것이다.

인생에 관한 자크 아탈리의 질문들: 오늘 이 순간까지 인생을 살면서 나는 무엇을 했는가? 나는 자유롭게 내 성공의 기준을 선택했는가? 진정으로 나의 재능을 발굴하고 이를 가치 있게 만들기 위해 노력했는가? 혹시 체념하고 살고 있지는 않는가?

〈두 번째 인생〉(손병기, 사이다, 2015)

어떻게 살아야 하는가?라는 질문에 대답해 줄 사람은 나 자신밖에 없다.

세상에 있는 소중한 일 중에 계획하지 않고 그냥 되는 것은 없다. 그런데 참 이상하다. 세상에서 가장 중요한 것이 자신의 인생일 텐데, 사람들은 자신의 인생을 어떻게 설계하고 살아갈지 별로 생각지 않는 듯 보인다. 대부분의 다른 사람들이 달려가는 방향으로 그냥 달려가고만 있다.

〈나의 미래를 바꾸는 힘, 습관〉(쑤춘리 외, 예문, 2007)

우리 인생에 있어 자신감은 신체의 척추에 해당하는 것이다.

자신의 한계를 긋지 마라. 잠재력은 외부가 아니라 내부에 존재한다. 인간의 몸과 영혼에는 거대한 잠재력이 있다. 잠재력이 발휘되면 인간의 힘은 무한대로 늘어난다. 습관으로 잠재력을 발휘시켜라.

〈미래 마인드〉(하워드 가드너, 재인, 2011)

미래는 어떤 마음을 요구하는가.

다중지능을 개발한 하버드대 심리학 교수가 위의 질문에 답하는 책. 미래를 성공으로 이끌 다섯 가지 마음능력. 훈련된 마음, 종합하는 마음, 창조하는 마음, 존중하는 마음, 윤리적인 마음이 저자가 제시하는 5가지 마음능력이다.

〈미래 만들기〉(김현곤, 삼우반, 2012)

모든 출구는 곧 어디론가의 입구다. 끝나는 곳이 바로 우리가 출발할 지점이다.

인간은 신체적으로는 작은 동물에 불과하지만, 정신적으로는 무한 에너지를 지닌 신비로운 존재다. 특히, 가능성에 대한 믿음과 미래를 향한 진취적인 마음, 어려움에 맞서는 긍정적인 태도 등이 결합되면 사람은 마음속에서 무한한 플러스 정신 에너지를 만들어 낸다.

〈삶과 나이〉(로마노 과르디니, 문학과지성사, 2016)

삶의 모든 시기는 그 자체로 새로운 것이다. 하루를 이루는 아침, 점심, 저녁처럼.

늙음을 받아들여라. 더 진실하게 받아들일수록 노년이라는 이름을 달고 있는 삶의 시기는 더 참되고 가치 있게 된다. 노년은 그저 말라가는 샘도, 한때 탄탄하고 힘이 넘치던 형태가 허물어지는 과정도 아니다. 노년은 그 자체로 고유한 양식과 가치를 가진 삶이다.

〈100세시대의 인생 로드맵, 부활〉(조용상, 나무한그루, 2011)

은퇴는 성장을 멈추는 시간이 아니라, 새로운 성장을 시작하는 시간이다.

잎이 졌다고 그 나무가 죽은 것이 아니다. 나무는 또다시 태어나기 위해 낙엽을 지우고, 꽃을 떨어뜨린다. 그러나 다음 해 봄에는 또다시 잎을 내고 꽃을 피운다. 인생의 새로운 봄날도 마찬가지다.

〈일의 미래〉(린다 그래튼, 생각연구소, 2012)

정년퇴직, 그게 뭔가요?

우리의 아버지와 할아버지 세대는 평생 한 종류의 일만 했다. 우리와 아이들은 어릴 때 학교에 다니고 중년에는 일하고 노년에는 은퇴하는 그런 단순한 길을 걷지는 않을 것이다. 아마도 우리의 아이들은 평생 배우고 발전하는 그런 다채로운 경험을 누릴 가능성이 크다.

〈마흔 살의 철학〉(카와기타 요시노리, 토네이도, 2011)

은퇴 후 가장 이상적인 모습은 계속해서 일을 하는 것이다.

이제 우리는 스포츠 스타가 아니더라도 FA 선언을 통해 더 큰 세상으로 나아갈 수 있어야 한다. FA는 조직의 보호와 배려를 받지 않는다. 자신만의 재능을 통해 자신만의 비즈니스를 구축해나가야 한다. 조직에 소속되어 승진, 연봉 같은 공통 사이즈의 옷을 입던 시대는 저물었다.

〈1인 1기〉(김경록, 더난출판, 2016)

은퇴 5년 전, 다시 고3이 되자. 자식이 아닌 나의 '제2의 고3'을 실천해보자.

수명이 짧은 단수국과 수명이 긴 장수국이 있다. 기대수명이 길어진 장수사회는 단수국에서 장수국으로 이민 간 것이나 마찬가지다. 그러므로 우리의 사고도 장수국 사람처럼 되어야 한다. 기술을 익히고 자신에게 투자하는 것이야말로 장수시대에 우리가 제일 먼저 실천해야 할 일이다.

〈1인 회사〉(수희향, 생각의나무, 2012)

스스로 나를 고용하여, 천직에 맞는 일로 승부하라.

8천 시간에 걸친 저자의 피눈물 나는 체험과 노력에 근거하여 쓴 1인 회사, 1인 지식기업가를 위한 실천 가이드. 믿기 어려운 '제로 인컴' 생활이 몇 달간 지속되기도 하는 지극히 현실적인 상황까지 고려하면서 어떻게 성공적으로 헤쳐 나가는지를 코칭해 주며 너무나도 잘 설명해 주는 책.

〈프리 에이전트의 시대〉(대니얼 핑크, 에코리브르, 2004)

조직 인간이여, 안녕. 프리 에이전트 나라에 오신 것을 환영합니다.

19세기에 사람들은 쓰러질 때까지 일했다. 20세기에 사람들은 은퇴할 때까지 일했다. 21세기에 사람들은, 새로운 그러나 아직은 이름이 붙여지지 않은 인생의 단계에 접어들 때까지 일할 것이다. … 그들은 원하는 시간에 원하는 방식으로 일하는 프리 에이전트이다.

〈중년이라는 상품의 역사〉(패트리샤 코헨, 돋을새김, 2016)

중년은 엄청난 가능성의 시간이다.

중년의 이미지는 줄곧 육체적 쇠퇴와 그에 따른 정신적 무기력으로 고정되어 있다. 언제부터인가 '중년의 위기'라는 표현은 누구나 인정하는 사회적 통념이 되었다. 그러나 이러한 부정적인 이미지는 오해에서 비롯된 것이다. 이 책은 중년에 대한 체계적인 추적 연구로, 중년에 관한 역사적 분석을 통해 미래사회를 위한 통찰을 제시한다.

〈나에게 꼭 맞는 직업을 찾는 책〉(폴 티거 외, 민음인, 2016)

MBTI 검사가 검증한 16가지 성격유형을 통해 내 성격에 딱 맞는 직업을 찾는다.

원제는 'Do What You Are: Discover the Perfect Career for You Through the Secrets of Personality Type' 이다. 취업을 위한 다른 안내서들과는 달리, 이 책은 모든 사람에게 적용되는 일반적인 충고를 제공하지 않는다. 대신에, 과학적으로 입증된 성격유형 검사인 MBTI 검사와 연계하여, 각 개인의 성격유형에 가장 적합한 직업을 찾도록 도와주는 성격유형별 직업 가이드북이다. 1시간 정도 걸리는 MBTI검사를 통해 자신의 성격유형을 파악한 후에 이 책에서 자신의 성격과 관련된 부분을 읽으면 최적이다. 인생 후반전을 준비하는 사람들도 해 보기를 권한다.

〈글로벌 고령화 위기인가 기회인가〉(폴 어빙, 아날로그, 2016)

고령인력 활용과 우주탐사는 공통점이 있다. 그 자체를 넘어 무한한 혜택을 준다.

고령화에 대한 부정적 편견을 바로잡아주는 강력한 해독제. 장수 사회의 긍정적 면모를 살펴보는 놀라운 책. 노년기에 대한 신선한 접근. 고령화 사회에 대한 새로운 깨우침과 용기를 주는 책. 고령화 대책에 대한 해답을 주는 책. 문명의 선물인 장수를 긍정적 시각으로 그린 조감도와 같은 책. 고령화와 기회 또는 잠재력이란 단어가 한 문장에서 사용된 것을 본 적이 있는가? 통념을 깨는 책. … 이런 서평들에 걸맞은 100세 시대 가이드로, 가장 최근에 발간된 최고의 책 중 하나.

인생의 후반전을 준비하는 모든 이들에게
행복과 긍정의 에너지가
팡팡팡 샘솟으시기를 기원드립니다!

– 권선복
(도서출판 행복에너지 대표이사,
한국정책학회 운영이사)

　학자들은 고령화 혁명으로 인해 우리의 평균수명이 100세를 넘어서게 되리라 전망한다고 합니다. 평균연령 100세 시대가 열림에 따라 '나는 몇 살까지 살까?', '나는 몇 살까지 일할까?'라는 질문이 생기게 됩니다. 우리가 평균연령 100세까지 산다면, 행복하게 100세까지 현역으로 사는 방법은 없을까요? 50대에 일선에서 물러날 준비를 한다면 지금까지와 같이 10년, 혹은 20년의 노후를 보내는 것이 아니라, 50년의 인생을 덤으로 받은 셈입니다. 이제는 인생의 전반전보다 후반전이 더 길어진 것입니다. 그러나 인생의 후반전을 준비하기란 쉬운 일이 아닙니다.

『인생 르네상스 행복한 100세』는 바로 이런 인생 후반전에 대한 길잡이가 되어줍니다. 저자는 평균수명 100세, 장수수명 120세 시대를 맞는 첫 번째 세대인 베이비붐 세대를 위해, 그리고 앞으로 다가올 100세 시대를 살아갈 독자들이 행복한 인생 후반전을 준비할 수 있도록 안내합니다. 이 책은 '나는 몇 살까지 살까?', '나는 몇 살까지 일할까?', '행복한 100세 현역으로 사는 방법은 없을까?'라는 세 가지 질문으로 시작합니다. 그리고 세상과 인생을 '알기', 자기와 천직을 '찾기', 평생현역을 위한 습관 '만들기'로 이루어진 3단계의 전략을 제시합니다. 저자는 미래 디자이너가 말하는 행복한 100세 준비법을 그림과 질문을 통해 안내합니다. 또한 '내 일이 없으면 내일도 없다', '내 일이 내일을 만든다'라는 키워드를 통해 그 중요성을 역설합니다. 인생의 터닝포인트인 50세 이후 막막하기만 한 사람들의 필독서이자 우리 시대에 가장 필요한 인생 지침서를 만들 기회를 주신 김현곤 저자님께 큰 응원의 박수를 보냅니다.

이제는 인생 전반전보다도 인생 후반전의 시간이 더 긴 시대입니다. 그러나 50세를 넘은 사람들의 필독서가 될 이 책과 함께 인생 후반전을 준비한다면 누구나 행복한 인생을 살 수 있을 것입니다. 이 책이 지금의 베이비붐 세대를 시작으로 하는 100세 시대의 주인공들에게 100세까지 현역으로 행복하게 살 방법을 모색할 길잡이가 되기를 바라오며, 이 책을 읽는 모든 분들의 삶에 행복과 긍정의 에너지가 팡팡팡 샘솟으시기를 기원드립니다.

마리아관음을 아시나요

황경식 지음 | 값 15,000원

책 『마리아관음을 아시나요』는 세계의 종교와 문화가 다른 것 같아도 그 안에는 인류를 하나로 묶는 강력한 구심점으로 '모성애'가 있다는 것을 강조한다. 책은 이러한 모성애의 상징으로 서양 기독교의 '성모 마리아', 동양 불교의 '송자 관음보살' 그리고 한국 전통문화 속에 깊이 침잠되어 전해 내려온 '삼신할미 신앙'을 예로 들며 각 종교의 전승과 유래, 모성애적 상징 등 흥미로운 이야기들을 설명한다.

생각의 중심

윤정대 지음 | 값 14,000원

책 『생각의 중심』은 동 시대를 살아가며 보고 듣고 느낄 수 있는 이야기들에 대해 저자의 시각과 생각을 모아 담은 것이다. 2015년 겨울부터 2016년 여름까지 우리 사회에 주요 이슈로 다루어졌던 사건들에 대한 견해들이나 개인적인 경험담 등 다양한 소재들을 활용해 거침없이 글을 풀어내었다. 정치, 법률제도와 같은 사회문제는 물론 존재와 성찰이라는 철학적 사유까지 글쓰기의 깊은 내공으로 독자들에게 즐거움을 선사하고 있다.

일 잘하게 하는 리더는 따로 있다

조미옥 지음 | 값 15,000원

책 『일 잘하게 하는 리더는 따로 있다』는 신뢰를 바탕으로 구성원을 이끌며 일터를 더 좋은 환경으로 만드는 리더십의 모든 것을 담고 있다. 현재 팀문화 컨설팅을 주도하는 'TE PLUS' 대표를 맡고 있는 저자는, 이미 엘테크리더십개발원 연구위원으로 있으면서 기업의 인재 육성에 획을 긋는 '자기 학습' 및 '학습 프로세스' 개념을 독창적으로 만들어 LG전자, 삼성반도체, 삼성인력개발원, 삼성코닝, KT&G, 수자원공사 등 국내 유수 기업에 적용시킨 바 있다.

색향미 - 야생화는 사랑입니다

정연권 지음 | 값 25,000원

책 『색향미 – 야생화는 사랑입니다』는 국내에서 흔히 접할 수 있는 170여 종의 야생화를 사계절로 분류하여 자세하게 소개한다. 정형화된 도감의 형식에서 벗어나 꽃의 애칭을 정하고, 이미지가 응축된 글과 함께 꽃의 용도와 이용법, 꽃말풀이 등을 담아내었다. 귀화한 야생화도 다문화 · 다민족으로 진입한 현 시대상을 따라 함께 포함하고, 풀과 나무에서 피는 야생화와 양치류같이 꽃이 없는 야생화도 아우르며 더 폭넓고 풍성하게 책 내용을 꾸리고 있다.

행복을 부르는 마술피리

김필수 지음 | 값 16,000원

책 『행복을 부르는 마술피리』에는 성공을 거머쥐고 행복을 품에 안기 위해 우리가 반드시 깨달아야 할 소중한 가치들이 빼곡히 담겨 있다. 작은 생각의 전환을 통해 인생 자체를 송두리째 뒤바꾸고 꿈을 성취한 사람들이, 공통적으로 지향하는 삶의 방향성을 짧은 글에 담아 전한다. 이 책은 1년 동안 매일 한 편씩 읽을 수 있도록, 날짜별 365편으로 구성되어 있다.

와인 한 잔에 담긴 세상

김윤우 지음 | 값 15,000원

책 『와인 한 잔에 담긴 세상』은 와인에 대해 절대 연구할 필요도 없고 고민할 필요도 없는 술이라고 강조한다. 그저 편안하게 있는 그대로를 즐기면 되는 음료이자, 하나의 멋진 취미생활이자 직업이 될 수 있는 술이라고 말한다. 저자는 "슬픈 사람을 기쁘게 만드는 신비의 힘, 그것이 바로 와인이다."라고 하며 "와인을 알게 되면서 경험했던, 그래서 풍요로운 인생을 경험했던 와인과 관련된 인생의 경험들을 여행으로, 파티로, 음식으로 풀어낸 일상의 이야기"라고 책에 대해 이야기한다.

아이디어맨이여! 강한 특허로 판을 뒤집어라

정경훈 지음 | 값 15,000원

책은 전문용어를 가능한 한 배제하고 쉬운 용어를 사용하여, 복잡한 특허문제들을 간단하게 풀어나간다. 비전문가들이 좀 더 편안하게 특허에 대해서 이해할 수 있도록 배려했으며, 경영자 또는 특허담당자들도 쉽게 특허를 이해하는 데 도움을 주고 있다. 강한 특허에 주목해야 하는 까닭부터 시작하여, 반드시 알아야 할 특허상식, 그리고 출원 전후의 특허상식과 CEO가 알아야 할 특허상식 등을 다양한 예시와 도표를 통해 제시하여 독자의 이해를 돕는다.

감사합니다

조태임 지음 | 값 15,000원

책 『감사합니다』는 한 여성 CEO가 선택한 나눔과 봉사의 인생길을 통해서 '나'가 아닌, '우리'를 위해서 살아가는 삶의 가치를 제시한다. 저자는 한국부인회 총본부 회장의 위치에 있으면서도 월급을 포함한 경제적 이득을 전혀 취하지 않으며 각종 활동을 주도하고 있다. '한국부인회'는 1963년 설립된 이래 애국계몽, 소비자보호 및 교육, 여성교육 및 권익 신장, 사회문제 해결 등 더 나은 대한민국을 위한 활동을 하고 있는 NGO 성격의 사회단체이다. 저자는 이 책을 통해 어떻게 나눔의 가치를 체득하고 발전시키며 실천하고 있는지 생생하게 보여주고 있다.

즐거운 정직

김석돈 지음 | 값 15,000원

책 『즐거운 정직』은 꿈과 행복을 향해 나아가는 길, 반드시 가슴에 새기고 지향해야 할 가치 '정직'이 우리 삶에 얼마나 중요한지를 다양한 사례와 연구를 통해 제시한다. 정직이라는 가치가 땅에 떨어진 시대, 혼란한 삶을 살아가는 대한민국 국민들에게 가장 필요한 이야기들을 책 한 권에 가득 담아내었다. 수많은 선지자들이 삶을 행복으로 이끌기 위해 반드시 정직하게 살아야 함을 강조했던 까닭을 이 책을 통해 많은 이들이 다시금 곱씹어 보기를 기대해 본다.

눈사람 미역국

이상덕 지음 | 박 훈 그림 | 값 15,000원

책 『눈사람 미역국』은 현재 청송교도소에 수감 중인 저자가 교도소 안에서 겪은 일들을 차분하게 풀어내고 있는 에세이집입니다. 교도소 안에서의 생활, 또 그 하루하루를 통해 느낀 것들을 꼼꼼하게 써 내려 간 이 책을 통해 저자는 저와 비슷한 처지에 놓여 있거나 그보다 더 힘든 일로 좌절한 많은 사람들을 위로하고자 합니다. 아무도 모르게 꽁꽁 감춰두고 싶었을지도 모르는 자신의 삶까지 글을 통해 고스란히 담아낸 이 책에서, 과거를 반성하고 새로운 희망을 품으며 이겨내고자 하는 저자의 굳은 의지를 엿볼 수 있습니다.

성장, '의미'로 실현하라!

유재천 지음 | 값 15,000원

책 『성장, '의미'로 실현하라』는 기존 자기계발서와는 명확히 구분되는 특징과 장점이 가득하다. Engineering 기법을 적용한 최초의 자기계발서로서, 국내 1호 의미공학자인 저자의 평생 연구가 고스란히 담겨 있다. 그는 이 책을 통해 '의미'라는 추상적 개념이 어떻게 우리 삶에 실용적으로 적용되는지를 다양한 사례와 검증을 통해 제시함은 물론, 앞으로 국내 자기계발서들이 나아가야 할 방향을 명쾌히 설정해주고 있다.

나부터 작은 것부터 지금부터

임상국 지음 | 값 15,000원

이 책은 무언가 새롭게 시작하는 사람에게 꿈과 비전을 주기 위함이다. 많은 사람이 '무엇을 할까? 어떻게 할까?'를 고민할 때 '이렇게 하면 됩니다'라고 자신 있게 들려줄 수 있는 이슈 인물들의 감동적인 이야기를 저자의 경험과 함께 담은 책이다. 가난하다고 꿈조차 가난할 수는 없다. 세상 탓, 남 탓, 환경 탓만 하기엔 시간이 너무 짧고 할 일은 너무 많다. '나부터 작은 것부터 지금부터'의 행함이 나와 여러분이 바라는 진정한 꿈을 이루도록 도울 것이고, 새롭게 변화된 삶으로 꿈 너머 꿈까지 실현하는 행복한 삶을 경험하게 만들 것이다.

오월이 오는 길

위재천 지음 | 값 15,000원

시집 「오월이 오는 길」은 평범한 일상이 놀라운 깨달음으로 다가오는 기쁨을 독자에게 선사한다. 자신의 작품은 물론, 함께 동고동락하는 직원들, 유관단체 임원들 그리고 시 문화를 창출하는 지역민들의 시를 함께 모아 엮었다. 시집은 사계, 불심, 추억, 일상이라는 각각의 주제 아래 시종일관 따스하고 아련한 서정시들의 향연을 이루고 있다. '스르르 잠기는 두 눈 사이로 오는 오월'처럼, 이 시집에 담긴 온기가 독자들의 마음속으로 스며들기를 기대해 본다.

울지 마! 제이

김재원 지음 | 값 15,000원

책 「울지 마! 제이」는 이 시대의 'n포세대'처럼 인생길에서 방황하며 힘겨워하는 모든 '제이'들을 위로하며 삶의 지혜를 담은 메시지를 전해준다. 여기서의 '제이'는 특정한 인물을 지칭하는 단어가 아니다. 바로 나 자신을 돌아보고 다시 앞으로 걸어 나갈 수 있는 원동력이 되는 나의 '자아'다. 그래서 허상에 그치는 이야기가 아니라 바로 나의 이야기, 나 자신에게 들려주고 싶은 위로의 말이 바로 이 책에 녹아 있는 것이다.

휴넷 오풍연 이사의 행복일기

오풍연 지음 | 값 15,000원

책 「휴넷 오풍연 이사의 행복일기」는 저자가 2016년 한 해 동안 새벽마다 꾸준히 썼던 일기를 차곡차곡 모아 펴낸 독특한 형식의 에세이집이다. 남이 일기에 어떤 이야기를 썼는지 궁금해하며 몰래 보는 것처럼, 이 책 또한 꼭 저자의 일기를 들여다보는 느낌이라 한 번 읽기 시작하면 쉽게 책을 놓을 수가 없다. 이런 독특한 개성을 가진 글을, 저자 본인은 '오풍연 문학'이라고 칭하고 있다. 매일 쓰는 몇 줄의 일기도 문학이 될 수 있음을 몸소 보여주는 셈이다.

나는 스캐폴더다

윤영일 지음 | 값 15,000원

책 「나는 스캐폴더다」는 맨손으로 메디슨 자회사 메리디안의 호남총판 대표의 자리까지 올랐던 윤영일 전 대표가 고난과 역경의 시간을 겪고 조선소의 족장맨, 스캐폴더로 자리 잡기까지의 삶과 재기의 기반을 다지기 위해 할 수 있는 모든 역량을 갖가지 분야에 분산 투자하며 노력한 과정을 낱낱이 소개한다. 책에 표현한 저자의 진솔한 마음은 본인이 겪었던 고난과 역경을 이겨내는 과정이 얼마나 힘겨우면서도 성공의 길이 얼마나 절실한 것인지 간접적으로 느낄 수 있게 한다.